Saskia Geisler

Zimtschneckenjahre

Saskia Geisler

Zimtschneckenjahre

Als finnische Kriegskinder nach Schweden

HEINER LABONDE VERLAG

ISBN 978-3-937507-90-3
Gestaltung: Antje Zerressen
Coverillustration: Kira Grote

Printed in Germany

Inhalt

ERSTER TEIL: RUOTSI – SCHWEDEN

Bombenalarm

Ich werde von einem tiefen und gleichzeitig schrillen Heulen wach. Es ist stockdunkel, obwohl Sanna und ich im Dunkeln Angst haben. Aber so sind die Regeln: Kein Licht in der Nacht. Dann können die Bomber nicht so gut zielen. Als ich an die Flieger denke, fällt mir auch wieder ein, was dieses Geräusch ist. Mama hat es uns gestern erklärt: Das ist ein Bombenalarm. Die Russen fliegen über Helsinki. Ich will zum Fenster rennen und rausgucken, ob ich etwas sehen kann, aber da ist Mama schon in unserem Zimmer.

»Matti, Sanna, los, wir müssen in den Keller!«

Sie ruft in einem Flüsterton. So sprechen die Erwachsenen in letzter Zeit viel mit uns. So als wollten sie schreien, wissen aber, dass sie nicht dürfen. Wenn wir mal lauter werden, heißt es auch sofort: »Scht, scht!« Dabei können die russischen Soldaten uns im Flugzeug ja wohl nicht hören!

»Matti, hör jetzt auf zu träumen! Los!«

Mama packt mich am Arm und zieht mir meine dicke Winterjacke über. Die hat Mama vor ein paar Wochen gebraucht gekauft. Sie ist mir noch ein bisschen groß, aber herrlich warm. Ich schlüpfe außerdem schnell in meine Hose. Das hat mir gerade noch gefehlt, dass die Nachbarskinder mich in meinen Unterhosen sehen!

Jetzt ist Mama auch mit Sanna fertig. Sie nimmt uns an die Hand und wir rennen los. Der Luftschutzkeller liegt zwei Straßen weiter. Einer der Arbeiter in der großen Arabia-Fabrik hat schon vor Monaten damit angefangen, ihn herzurichten. Damals haben ihn noch alle ausgelacht. Sie haben gesagt, dass er wohl die Seiten gewechselt hat, wenn er glaubt, dass die Russen kommen und uns angreifen. Schließlich wissen die Russen doch, dass die finnischen Arbeiter auf ihrer Seite stehen! Papa hat mir erzählt, dass Lenins Sowjetunion die finnische Unabhängigkeit zuallererst anerkannt hat!

Aber Seppänen hat nur die Schultern gezuckt und weiter seine Vorkehrungen getroffen und jetzt hat er Recht behalten: Wir brauchen den Keller.

Die Sowjetunion hat Finnlands Grenzen vor zwei Wochen angegriffen. So lange schon habe ich auch Papa nicht mehr gesehen, und Mama wird von Tag zu Tag blasser. Dass wir jetzt auch noch nachts in den Keller müssen, macht es bestimmt nicht besser.
Mama tut mir ganz schön leid. Ich kann an ihrer kalten und schwitzigen Hand fühlen, dass sie Angst hat. Aber ich kann trotzdem nicht anders: Ich laufe ein bisschen langsamer, als ich eigentlich könnte. Ich würde zu gerne einen der russischen Bomber sehen! Wie nah die wohl kommen müssen? Ich bilde mir ein, sie in der Ferne hören zu können. Aber zu Gesicht bekomme ich sie nicht, bevor wir den Keller erreichen.
Auf unser Klopfen macht Seppänen die Tür auf.
»Ah, Kettunens, na, das wird aber auch Zeit!«, begrüßt er uns.
Er wuschelt mir durch die Haare, wie immer, wenn er mich sieht. Ich mag den alten Seppänen. Er hat Hände so groß wie Suppenteller und ich frage mich oft, wie er in der Porzellanfabrik arbeiten kann.

Im Keller ist schon einiges los. Die ganze Nachbarschaft hat sich versammelt. Da hinten sind auch Erkki und Ilkka. Die beiden kicken mit einem Steinchen. Ich lasse Mama und Sanna stehen und laufe zu ihnen. Doch schon nach ein paar Minuten ist der Spaß vorbei. Unsere Mütter rufen uns zu sich und wir müssen leise sein. Jetzt merke ich, wie ängstlich alle schauen. Selbst Seppänen wirkt unruhig und als ich das bemerke, wird mir auf einmal auch ganz anders.
Seppänen hat einmal eine ganze Familie aus einer brennenden Baracke am Rand unserer Wohnsiedlung gerettet. Danach hat er sich den Rauch aus der Kleidung geklopft, meinem Vater, der auch beim Löschen geholfen hatte, auf die Schulter geklopft und gesagt: »Na, jetzt haben wir uns unser Feierabendbier aber wirklich verdient, was?«
Und dann ist er seiner Wege gegangen.
Wenn Seppänen nun also unruhig ist, dann ist es wirklich an der Zeit, Angst zu bekommen. Da bin ich sicher. Und sofort krampft sich alles in mir zusammen und ich vermisse Papa noch mehr als vorher. Wie gut wäre es doch jetzt, er könnte Seppänen auf die Schulter klopfen und gemeinsam mit ihm über irgendeinen dummen Witz lachen.

Die Zettel

Die erste Bombennacht geht vorüber. Unser Haus steht mitten im Viertel und ist unversehrt, aber die, die am Rand, näher an den Fabrikhallen, stehen, die hat es erwischt. Am nächsten Tag in der Schule gibt es nur dieses eine Gesprächsthema und Erkki, Ilkka und ich rennen nicht wie sonst nach dem Schlussklingeln auf den Schulhof zum Kicken. Es zieht uns zu den zerbombten Häusern. Erkki behauptet, dass sie aussehen wie ausgeschlagene Zähne. Das hat er mal von seinem Papa gehört. Und Ilkka meint, dass sie bestimmt immer noch rauchen. So wie die Häuser nach dem großen Fabrikbrand vor zwei Jahren. Ich frage mich, wie viele Häuser wirklich getroffen sind und ob wir vielleicht Leute kennen, die dort gewohnt haben. Von uns Schulkindern hat jedenfalls keins was abbekommen. Wir waren nur alle hundemüde und unser Lehrer, der sich sonst immer aufregt, wenn wir gähnen, hat uns heute nur mitleidig angeguckt und immer wieder den Kopf geschüttelt. – Typisch Erwachsener, er hat bestimmt gedacht, wir merken das nicht.

Als wir an der letzten Häuserzeile des Viertels ankommen, sehen wir es. Die Häuser rauchen nicht mehr. Aber das mit den Zähnen stimmt irgendwie. Denn sie sind nicht alle getroffen. Bei manchen sind von der Wucht der Explosionen nur die Scheiben rausgebrochen, aber manchmal steht zwischen den vielen heilen Häusern nur noch ein Krater, ein paar einzelne Hauswände und der Rest fehlt. Wie das Gebiss vom alten Nikke, der manchmal unten an der Kneipe steht und hofft, dass ihm einer ein Bier ausgibt.

Erkki, Ilkka und ich stehen da und gucken. So also sieht der Krieg aus? Wir glotzen und glotzen und mir wird fast ein bisschen schlecht: Als wir gestern im Luftschutzkeller saßen, bin ich doch irgendwann eingeschlafen. Es passierte ja nichts und irgendwie konnte ich mir auch nicht vorstellen, warum die Bomber uns treffen sollten. Aber jetzt sehe ich diese Häuser und ich weiß: Wenn sie hier treffen können, dann können sie auch unser Haus treffen.

»Vielleicht sollten wir unsere wichtigsten Sachen irgendwo vergraben«, sagt Ilkka, der wohl gerade genau das Gleiche gedacht hat wie ich.

Ich nicke. Um meine Zinnsoldaten und das Pferd, das Papa mir geschnitzt hat, wäre es wirklich schade.
»Den Fußball aber nicht«, sagt Erkki entschlossen. »Den brauchen wir noch.«
Und damit lässt er den Ball, den er bis jetzt unterm Arm geklemmt hatte, auf den Boden plumpsen und fängt an, in Richtung unserer Häuser die Straße herunter zu kicken.
»Ihr solltet euch was schämen«, ruft eine alte Frau, die aus einem der kaputten Fenster zu uns auf die Straße herunterguckt. »Erst hierher kommen und glotzen und dann gleich wieder vom Acker machen, statt mit anzupacken.«
Erkki winkt der alten Frau grinsend zu und kickt härter. Wir sind es gewohnt, dass ständig irgendwer meckert, wenn wir spielen. Er läuft schneller, Ilkka und ich ihm nach. Ich schaffe es, Erkki den Ball abzuluchsen, aber so sehr wie sonst kann ich mich nicht darüber freuen. Die Alte hat schon irgendwie Recht. Klar, ich kann die kaputten Häuser nicht wieder aufbauen, aber es fühlt sich trotzdem komisch an, dass es uns so gut geht. Solange Ilkka, Erkki und ich zusammen sind und unseren Fußball haben, kann uns nichts passieren!

Bis wir an unserem Häuserblock ankommen, bin ich ganz schön aus der Puste. Wir haben ein höheres Tempo drauf als sonst. So als wollten wir uns und allen beweisen, dass der Krieg uns gar nichts kann. Ilkkas und mein Papa sind schon an der Front und Erkkis Papa muss in zwei Tagen weg. Aber sie kommen ja wieder. Sie kommen wieder, aber bevor sie wiederkommen, werden sie den Sowjets schon zeigen, was eine Harke ist und dass man unser Finnland nicht einfach mal so überfällt! Die werden schon noch zu spüren kriegen, was es heißt, die Finnen zu ärgern. Das hat jedenfalls auch Seppänen gestern im Keller gesagt. »Kampflos kriegt ihr uns jedenfalls nicht«, hat er immer wieder gemurmelt.

Ich steige langsam die Treppe zu unserer Wohnung hinauf. Mal schauen, ob Mama schon da ist und es bald Abendessen gibt. Danach wollen Erkki, Ilkka und ich noch eine Weile auf der Straße kicken. Wenn Mama mich

lässt. Seit Papa weg ist, ist sie besonders streng. Vielleicht denkt sie, dass sie ihn ersetzen muss. Wenn die Jungs und ich in den letzten Tagen durch die Straßen gestreift sind, habe ich öfter aufgeschnappt, wie andere über uns redeten.
»Ja, jetzt wo ihre Väter weg sind, wer soll ihnen da ein gutes Vorbild sein? Kein Wunder, dass sie so herumstromern!«
Dabei haben wir das schon vorher gemacht. Und Erkkis Papa ist ja noch nicht einmal weg. Die Leute machen sich einfach gerne Sorgen und Mama macht sich immer Sorgen, was die Leute sich für Sorgen machen. Darüber haben Papa und ich oft gelacht. Jetzt wo Papa nicht da ist, um mit mir darüber zu lachen, ist es nur noch traurig. Ich muss mich an ihre Regeln halten und vermisse Papa umso mehr.
Als ich die Tür zu unserer Wohnung aufstoße, riecht es nach Erbsensuppe. Mir läuft sofort das Wasser im Mund zusammen. Wo hat Mama die denn aufgetrieben? Die letzten Wochen haben wir hauptsächlich Wassersuppe und Brei gegessen. Geld war bei uns immer schon knapp, aber jetzt ist es noch knapper und gleichzeitig werden die Lebensmittel immer teurer.
»Da bist du ja endlich!« Mama sitzt am Küchentisch, während Sanna auf dem Boden sitzt und mit ihrer Puppe spielt.
»Entschuldigung, ich wusste nicht, dass wir heute so früh essen«, sage ich.
»So früh«, Mama schnaubt. »Du hast dich wieder ewig mit Erkki und Ilkka rumgetrieben. Du sollst doch nach der Schule direkt nachhause kommen.«
Ich beschließe, einfach zu nicken und nichts mehr zu sagen. Normalerweise merkt Mama doch gar nicht, wenn ich später komme. Normalerweise ist sie jetzt noch in der Fabrik und putzt.
Mama wartet kurz, dann seufzt sie und zuckt mit den Schultern. »Komm her und setz dich. Sanna, du auch.«
Als wir sitzen, füllt Mama uns mit dem großen Suppenlöffel riesige Portionen dicke, gute Suppe auf. Mein Magen knurrt ganz laut bei dem Anblick. Heute werde ich richtig satt!
»Hast du Geld gewonnen?«, kann ich mir nicht verkneifen zu fragen.
Das hat Papa sonst immer gefragt, wenn Mama mit irgendetwas sehr großzügig war. Wenn sie zum Beispiel einen Strauß frische Blumen für die Wohnung gekauft hat im Sommer. – Auch wenn es meist erst am Abend

am Markt war, wenn die Händler die Blumen zu einem Spottpreis abgaben.
Mama lächelt ganz leicht. »Nein, aber ich dachte, nach der anstrengenden Nacht gestern können wir alle eine Stärkung gebrauchen.«
Die Suppe schmeckt himmlisch gut und ist genau richtig heiß. So viel zu spät kann ich also gar nicht sein.
Ich gucke Mama an und will sie für ihre Kochkünste loben, aber da sehe ich ein paar Zettel, die neben ihr auf dem Tisch liegen.
»Was ist das?«, frage ich.
»Darüber muss ich mit euch reden. Ihr wisst ja, dass ich eurem Vater einen Brief geschrieben habe, ob wir euch nach Schweden schicken sollen.«
Ein paar Tage, nachdem Papa los musste, sind die ersten Flugblätter und Zeitungsanzeigen aufgetaucht: Die Schweden sind bereit, finnische Kinder bei sich aufzunehmen, um sie vor dem Krieg zu beschützen. Mama hat erst gar nichts darauf gegeben, aber immer mehr Nachbarinnen haben sie angesprochen, ob sie uns nicht auch weggeben will, wo Papa doch an der Front ist und schon alles schwer genug. Also hat Mama an Papa geschrieben und ich habe nicht weiter drüber nachgedacht, denn ich bin mir ganz sicher: Papa würde uns nie nach Schweden schicken. Die Schweden, das sind alles aufgeblasene Gockel, das sagt er immer.
»Hat Papa etwa gesagt, dass wir nach Schweden sollen?«, frage ich entsetzt.
»Nein, er hat noch gar nicht geantwortet. Aber nach dem Bombenhagel von gestern Abend habe ich selbst entschieden: In einer Woche geht wieder ein großes Schiff. Und mit dem werde ich euch mitschicken.«
Ich sitze da und fühle mich, als müsste die ganze herrliche Erbsensuppe gleich wieder aus mir herauskommen. Ich schlucke und schlucke und schlucke, um sie drinnen zu behalten.
Dann sagt Sanna: »Ist das weit?«

Das Versprechen

Sanna ist erst drei. Sie versteht noch nicht richtig, was passieren wird. Und ich will es ihr nicht erklären. Mama will uns einfach nach Schweden schicken. In das Land der aufgeblasenen Gockel. Beim Gedanken daran werde ich wütend.

»Wie kannst du das machen ohne Papas Erlaubnis?«, rufe ich, ohne auf Sannas Frage zu achten.

Mama guckt mich streng an. »Schrei mich nicht so an. Ich brauche Papas Erlaubnis nicht. Er ist jetzt an der Front und ich habe genug Sorgen. Das Essen wird immer teurer. In Schweden können sie euch gut ernähren und ihr seid vor Bomben sicher. Der Krieg ist bestimmt schon bald vorbei, das sagen alle. Und dann kommt ihr wieder hierher und wir leben ganz normal als Familie, wie vorher auch. Ich könnte es mir nie verzeihen, wenn ihr bei mir bleibt und euch etwas passiert!«

»Du nicht mit?« Sanna wirkt ganz überrascht. Sie versteht wohl jetzt erst, wovon wir hier eigentlich reden.

»Nein, mein Goldstück, ich kann leider nicht mitkommen. Ich muss hier bleiben und Geld verdienen. Auf die Wohnung aufpassen und Papa etwas zu essen und warme Socken schicken, wann immer es geht. Das verstehst du doch, oder?« Mama streichelt Sanna über das Haar.

Jetzt guckt sie überhaupt nicht streng, sondern nur tapfer und traurig. So wie an dem Tag, als wir Papa zum Bahnhof bringen mussten und Mama Sanna erklärt hat, was es heißt, ein Soldat zu sein, und dass Papa und seine Kameraden auf uns und unser Leben aufpassen und uns beschützen.

Ich würde am liebsten weiterschreien. Aber ich habe Papa versprochen, Mama nicht zu ärgern und brav zu sein. Und vor allen Dingen: auf Sanna aufzupassen. Wenn ich jetzt weiterschreie, fängt sie sicherlich an zu weinen. Also muss ich mich zusammenreißen.

Ich gucke auf den Teller Erbsensuppe vor mir. Ich kann nichts mehr essen. Die Suppe ist kalt und sieht plötzlich aus wie ein riesiger Popel. In meinem Bauch ist jetzt genauso ein Haufen. Schwer liegt er da wie ein Stein und ich frage mich, ob ich vielleicht doch brechen muss.

»Matti, nimm es doch nicht so schwer. Viele deiner Freunde werden jetzt nach Schweden gehen. Sieh es mal so: Dann lernst du da die Sprache und hast später noch bessere Chancen im Beruf.«

Die Sprache! Daran habe ich ja noch gar nicht gedacht. Wir lernen Schwedisch auch in der Schule. Und ein paar der Jungs vom Fußballverein sprechen zuhause Schwedisch. Aber außer ein paar Sätzen kann ich nichts. Diese Sprache fühlt sich immer viel zu breit an in meinem Mund. Und diese merkwürdigen Betonungen. Als müsste man singen und nicht einfach nur etwas sagen. Bei der Vorstellung, bald dauernd Schwedisch sprechen zu müssen, läuft es mir kalt den Rücken runter.

»Aber Sanna kann doch überhaupt kein Schwedisch.«

Mama lächelt wieder ihr komisches Erwachsenenlächeln, das uns Mut machen soll, aber eigentlich noch mehr Angst einjagt.

»Das wird sie schon lernen. Außerdem hat sie ja dich! Und so lange werdet ihr ja wirklich nicht dort sein. Glaubt mir, es ist das Beste für euch!«

Und damit ist die Diskussion beendet. Mama und Sanna essen weiter Suppe und Mama erzählt ihr, wie toll es in Schweden ist. Dass die Kinder alle jede Menge Spielzeug haben und immer genug zu essen. Dass es in Schweden auch Zimtschnecken gibt und dass Sanna die doch hier in Finnland gerade so vermisst.

»Aber in Schweden kannst du bestimmt jeden Tag eine Zimtschnecke essen, weißt du? Da gibt es noch Zucker und Mehl so viel man nur will«, sagt Mama und Sanna quietscht vor Begeisterung bei der Vorstellung von Zimtschneckenbergen.

Mir dagegen wird schlecht. Ich schiebe den Stuhl zurück und lasse meine Füße auf den Boden plumpsen.

»Ich geh raus zu Erkki und Ilkka«, sage ich.

»Musst du nicht erst deine Hausaufgaben machen?«, fragt Mama.

»Wozu? Du nimmst mich doch eh in ein paar Tagen von der Schule.«

Dazu fällt Mama nichts ein und ich gehe raus. Ich brauche all meine Beherrschung, um die Wohnungstür nicht hinter mir zuzuknallen. Dann renne ich so schnell ich kann die Treppe hinunter und kicke im Hof so lange mit voller Wucht Dosen gegen die Hauswand, bis Ilkka und Erkki endlich auch runterkommen und wir noch eine Runde um den Block drehen können.

Hoffnung

»Oh Mann!« Mehr fällt Erkki nicht ein, als er hört, was Mama vorhat. Und genauso geht es Ilkka. Wir kicken Erkkis Fußball durch die Straßen und auch wenn wir sonst nicht viel reden, hilft das schon ein bisschen. Ich weiß, dass meine Kumpels auf meiner Seite stehen und dass sie Mamas Vorschlag genauso bescheuert finden wie ich. Und in mir keimt eine leise Hoffnung. Was, wenn Papa rechtzeitig vor der Abfahrt des Schiffes zurückschreibt und Mama sagt, dass das eine Schnapsidee ist und sie uns zuhause behalten soll? Dann gibt sie uns bestimmt nicht weg. Als mir dieser Gedanke kommt, kreuze ich sofort meinen Zeige- und meinen Mittelfinger: Das bringt Glück und vielleicht geht mein Wunsch in Erfüllung!

Als Mama Sanna und mich später ins Bett bringt, tue ich so, als sei alles in Ordnung. Ich habe Papa schließlich versprochen, brav zu sein. Und ich kann Mama ansehen, dass sie sich sorgt.
»Ach Matti«, seufzt sie und streichelt mir über den Kopf, bevor sie meine Bettdecke noch einmal um mich herum festdrückt. »Vielleicht wird ja schon in den nächsten Tagen alles ruhiger und ihr müsst gar nicht los.«
In ihren Augen sehe ich, dass sie selbst nicht daran glaubt. Und damit hat sie recht. Ich fühle mich, als wäre ich gerade erst eingeschlafen, da geht es schon wieder los: Bombenalarm. Dieses Mal verstehen Sanna und ich schneller, um was es geht. Jetzt, wo ich die zerbombten Häuser gesehen habe, beeile ich mich auch wirklich. Es wäre zwar immer noch spannend, einen der Bomber zu sehen, aber mein letzter Anblick soll es nicht werden. Also renne ich Mama hinterher, die Sanna auf dem Arm hat. Völlig aus der Puste kommen wir in den Luftschutzkeller, wo Seppänen uns wieder die Tür öffnet.
Erkki, Ilkka und ihre Familien sind wieder vor uns da und wieder dürfen wir uns nicht mit Kicken ablenken. Dabei wäre das jetzt gut. Die Bomber fliegen diese Nacht viel näher über unseren Köpfen, zumindest hört es sich so an. Und zweimal habe ich sogar das Gefühl, dass die Erde bebt, als wäre eine Bombe ganz in der Nähe eingeschlagen. Sanna weint vor Angst, aber ich gebe mir Mühe, ruhig zu bleiben. Papa hat gesagt, dass ich jetzt der

Mann in der Familie bin. Da darf ich nicht ängstlich sein! Das ist allerdings gar nicht so leicht. Auch die Erwachsenen zucken zusammen, wenn es wieder so klingt, als flöge ein Bomber direkt über unsere Köpfe hinweg. Es kommt mir so vor, als seien die Wände aus Pappe und nicht aus Stein. Überhaupt ist einfach gar nichts, wie es sein soll.
»Das ist doch kein Leben für die Kleinen«, sagt jetzt Erkkis Mutter zu meiner Mama und guckt auf uns Kinder. »Du hast schon Recht, sie wegzuschicken.«
»Es sind noch Plätze frei auf dem Schiff, das haben sie heute bei der Anmeldung gesagt«, antwortet Mama darauf und in mir dreht sich alles.
All meine Hoffnungen sind sofort zerplatzt. Nach dieser Nacht bin ich mir sicher, dass Mama uns so oder so wegschicken wird. Sie wird sagen, dass Papa ja gar nicht wissen kann, was hier vor sich geht und dass alle Nachbarn sagen, dass es besser ist, uns nach Schweden zu schicken. Ich bin wütend und enttäuscht und ärgere mich, dass Mama überhaupt nicht interessiert, was ich darüber denke. Und gleichzeitig habe ich jetzt schon wieder eine andere Idee: Was, wenn Erkki mitkommt? Dann könnte es ganz lustig werden.
Doch als ich ihn angucke und versuche zu lächeln, wie über einen gemeinsamen Scherz über unsere ängstlichen Mütter, guckt er mich wütend an und ich begreife: Er ist sauer, weil meine Mama seiner Mutter solche Flausen in den Kopf setzt. Aber was soll ich machen? Ich kann ihr ja schließlich nicht den Mund verbieten.

Am nächsten Tag lässt Erkki mich noch eine ganze Weile spüren, dass er wütend auf mich ist. Oder vielmehr auf Mama. Aber der kann er es ja nicht zeigen. Also bade ich es aus. Ich darf nicht mit dem Ball spielen und zweimal schubst Erkki mich so heftig, dass ich hinfalle. Beim zweiten Mal sagt Ilkka: »Mann, Erkki, lass gut sein. Matti kann doch nichts dafür. Der will doch selbst lieber hier bleiben.«
Erkki zieht Schnodder in der Nase hoch und rotzt ihn auf die Straße. Er atmet ein paar Mal tief ein und aus. Dann schüttelt er mit dem Kopf und hält mir die Hand in.

»Hast ja Recht. Aber deine Alte soll nicht weiter so einen Mist erzählen. Ich will nicht nach Schweden. Nicht einmal mit dir.«
»Ich tu, was ich kann«, verspreche ich ihm.
Und dann spielen wir Fußball.

Beim Abendessen versuche ich, Mama zu sagen, dass sie die anderen Mütter nicht anstecken soll mit ihrer Idee. Aber die lacht nur.
»Erkkis Mama war es doch gerade, die mir die Flugblätter gegeben hat. Alle Mütter in ganz Finnland reden gerade über nichts anderes, was denkst denn du? Dass ich spinne?! Wir wollen unsere Kinder beschützen. Ihr seid doch alles, was wir haben. Wenn Erkkis Mama ihre Jungs wegschickt, dann macht sie genau das Richtige, davon bin ich überzeugt.«
Ich ganz und gar nicht. Aber das will und wird Mama wohl einfach nicht verstehen.

Abreise

Ich hoffe jeden Tag, dass sich noch irgendetwas ändert. Dass ich Mama doch noch umstimmen kann. Doch sobald ich nur den Mund aufmache, kneift sie ihre Lippen ganz fest zusammen und funkelt mich an. Also sage ich nichts. Und Sanna versteht überhaupt nicht, worum es geht. Sie guckt Mama dabei zu, wie sie zwei kleine Taschen für uns packt und singt ein blödes Kinderlied dabei. Am liebsten würde ich sie hochheben und schütteln. Ihr erklären, dass wir nach Schweden fahren ohne Mama und dass kein Mensch weiß, wann wir wieder zurückkommen. Oder was mit Mama und Papa hier passiert, während wir weg sind.
Täglich renne ich dem Briefträger entgegen, ob er nicht doch Nachricht von Papa bringt. Wenn einer Mama jetzt noch umstimmen kann, dann ist es er. Aber es kommt kein Brief.
Stattdessen kommt der Tag, an dem Mama Sanna an die Hand nimmt und in der anderen Hand Sannas Tasche trägt. Ich trage meine selbst hinter den beiden her. Und wir laufen zum Bahnhof. Der Weg ist weit. Ich überlege an jeder Straßenecke, ob ich nicht einfach abbiegen und wegrennen soll. Aber dann muss ich an Papa denken und vor allem an Sanna: Sie braucht jemanden, der sie beschützt!
Irgendwann tauchen die Steinfiguren am Hauptbahnhof auf. Sie stehen auf beiden Seiten des Haupteingangs und gucken auf mich runter. Dass ich traurig bin, ist ihnen egal. Sie sehen bestimmt jeden Tag tausende trauriger Menschen. Gerade jetzt, wo Krieg ist.
»Ich hoffe, wir sehen uns wieder«, flüstere ich ihnen zu.
Dann laufe ich Mama hinterher in die Bahnhofshalle. Am Schalter kaufen wir Fahrkarten zum Hafen von Turku und dann steigen wir in den Zug. Ich bin noch nie in meinem Leben Zug gefahren. Höchstens ein- oder zweimal mit der Straßenbahn hier in Helsinki. Der Zug ist ganz schön voll. Mama hält Sanna und ihre Tasche auf dem Schoß, ich muss neben den beiden auf der Bank sitzen und meine eigene Tasche halten. Uns direkt gegenüber sitzt ein älteres Ehepaar.
Als der Zug endlich losfährt, rauscht die Landschaft nur so an uns vorbei. Ich kann einige Bombenkrater sehen, aber auch wie schön unsere Stadt

ist. Die Sonne scheint heute und als der Zug eine Kurve fährt, kann ich sogar einen Blick auf den weiß leuchtenden Dom erhaschen, über dem die Möwen fliegen. Wie gern wäre ich jetzt bei ihnen!
»Zappel nicht so«, zischt Mama mir zu.
Da erst fällt mir auf, dass ich mich drehe und winde, um Helsinki durch das Fenster noch besser und länger sehen zu können.
Der alte Mann mir gegenüber lächelt mir freundlich zu. »Helsinki ist wirklich eine wunderschöne Stadt, nicht wahr? Wollen wir hoffen, dass sie es noch lange bleibt.«
Ich weiß nicht, was ich ihm sagen soll und gucke vorsichtig zu Mama. Die ist aber abgelenkt von Sanna. Also nicke ich und der Mann lächelt noch mehr. Ich lächle jetzt auch, weil es so ansteckend ist.
»Wohin seid ihr denn unterwegs?«, will der Mann jetzt wissen.
»Nach Schweden«, sage ich ganz, ganz leise.
Und da wird der Mann auch auf einmal traurig in den Augen und seine Frau greift nach seinem Arm. Wir unterhalten uns nicht weiter und schon an der nächsten Station müssen die beiden aussteigen.
»Gute Reise euch beiden Kleinen«, sagen sie nur und nicken uns noch einmal zu.
»Danke«, flüstere ich und würde am liebsten heulen, wenn hier nicht so viele Leute wären und vor allem Mama, die die Lippen so fest zusammengekniffen hat.
»Hör auf, so ein Theater zu machen, Matti. Wir sehen uns ja bald schon wieder. Das alles wird nicht lange dauern«, flüstert sie mir zu.
Ich nicke erneut. Was soll ich auch sonst machen?

Das Schiff

Es dauert ewig, bis wir am Hafen ankommen. An uns ziehen Wiesen und Felsen und jede Menge Birken vorbei. Dazwischen auch immer wieder Wasser, Seen. Es sieht alles so aus wie auf den Bildern in unserer Lesefibel. Ich vermisse die vielen Menschen, die lauten Straßen von Helsinki. Wie wird es wohl in Schweden werden? Sieht es da ganz anders aus?

Im Hafen von Turku herrscht fürchterliches Gedränge. Es ist fast noch voller als am Hauptbahnhof in Helsinki. Viele Mütter halten ihre Kinder an den Händen, Koffer und Taschen werden an mir vorbeigetragen und ich habe keine Ahnung, wo wir hinwollen. Das wird nicht besser, als ich merke, dass Mama auch nicht genau weiß, wo wir hinmüssen.
Wir stehen im Weg herum, werden angerempelt.
»Lass uns endlich nachhause gehen!«, will ich Mama gerade zurufen, da kommt eine Frau auf uns zu.
»Sie wollen auch zum Kinderschiff? Da lang«, zeigt sie Mama den Weg und wir setzen uns in Bewegung.
Ich würde mich am liebsten losreißen, in die andere Richtung laufen. Aber Mama packt mich auf einmal an den Schultern und beugt sich zu mir herunter.
»Matti, du bist Sannas großer Bruder. Ich will euch beide beschützen, darum schicke ich euch nach Schweden. Aber ich liebe euch und euer Vater auch, das darfst du nicht vergessen. Versprich mir, dass du gut auf Sanna und dich aufpasst«, sagt sie und guckt mir dabei tief in die Augen.
Und da weiß ich, dass ich nicht mehr wegrennen kann.
Ich nicke. Fast kommt es mir so vor, als hätte ich den ganzen Tag nichts anderes gemacht. Immer nur brav genickt.
Mama nickt zurück, richtet sich wieder auf und greift mit der einen Hand nach Sanna, mit der anderen nach Sannas Tasche. Dann geht sie mit energischen Schritten los und ich trotte ihr hinterher. Wie ein Gefangener in einem der Western-Filme, die Erkki, Ilkka und ich manchmal im Kino gesehen haben, wenn wir genug Geld zusammengekratzt hatten.

Das Schiff ist groß. Aber ich habe im Hafen von Helsinki schon größere gesehen. Mama bringt uns an Bord. Da steht eine Frau in weißer Uniform. Mama zeigt ihr unsere Papiere und die Frau erklärt, wo wir im Schiff untergebracht sind. Dann gibt sie Mama noch zwei Zettel mit Bändern, auf die Mama unseren Namen schreiben soll. Die sollen wir um den Hals gehängt tragen.

Als Mama vom Schiff geht, weint sie nicht. Ich bleibe mit Sanna an der Reling stehen und nehme mir fest vor, sie nicht aus den Augen zu lassen, bis das Schiff abgelegt hat. Aber dann fängt Sanna an, nach Mama zu schreien und ich muss mich zu ihr runterbeugen, um sie zu beruhigen und in den Arm zu nehmen. Als ich wieder aufschaue, ist Mama verschwunden. Zwischen all den vielen Frauen, die da unten am Kai stehen, kann ich sie nicht wiederentdecken. Ich suche und suche, bis die Gesichter der Mütter an Land nur noch winzig kleine Punkte sind. Mama bleibt weg.

Risto

Als wir Turku nicht mehr sehen können, nicht einmal mehr die alte Burg, wende ich mich von der Reling ab.
»Wann kommt Mama?«, fragt Sanna.
Sie hat es immer noch nicht begriffen.
»Das dauert noch ein bisschen«, sage ich einfach.
Wenn Mama es ihr nicht richtig erklären wollte, dann fange ich jetzt bestimmt nicht damit an. Ich beschließe, sie lieber abzulenken. An Deck haben ein paar Kinder angefangen, mit einem Ball zu spielen. Ich laufe mit Sanna dorthin und sie quietscht jedes Mal, wenn ein Junge den Ball trifft. Wahrscheinlich erinnert sie das an die Tage, wo sie Erkki, Ilkka und mich zum Spielen begleiten durfte. Traurig ist sie jedenfalls nicht mehr.
»Husch, unter Deck mit euch«, höre ich da auf einmal eine strenge Stimme.
Neben uns hat sich eine dicke, große Krankenschwester aufgebaut.
»Hier auf dem Deck mit dem Ball ist es viel zu gefährlich. Eure Mütter haben euch nicht weggeschickt, damit ihr dann vom Schiff fallt!«
Mit einigem Murren gehen wir nach unten. Und da fängt Sanna sofort wieder an zu weinen.
Unter Deck sind furchtbar viele Kinder. Die allermeisten sind so alt wie Sanna, viele sogar noch jünger. Sie alle heulen und heulen. Zwischen ihnen laufen Krankenschwestern und freiwillige Helferinnen wie aufgescheuchte Hühner herum und versuchen, sie zu trösten. Aber kaum hat ein Kind aufgehört zu weinen, fängt ein anderes an und dann weint das erste gleich wieder mit.
Alle rufen nach ihren Mamas. Und Sanna ruft mit.

Ich ergattere uns einen Platz an einem Fenster, wo es etwas ruhiger ist. Dort nehme ich Sanna auf den Schoß und versuche, sie zu beruhigen. Wir zählen die Möwen, die an unserem Fenster vorbei fliegen und die Schäreninseln, durch die sich unser Schiff seinen Weg bahnt.
»Auch deine kleine Schwester dabei?«, fragt mich auf einmal jemand von der Seite.

Ich gucke hoch und sehe einen Jungen ungefähr in meinem Alter. Er hat ein blaues Auge und grinst mich schief an.
»Bin gestern noch in eine Prügelei geraten. Jedenfalls: Ich bin Risto.«
»Matti«, antworte ich.
»Wir sind wohl mit die Ältesten hier«, meint Risto.
Ich nicke.
Risto scheint sich an meinem Schweigen nicht zu stören. Er setzt sich zu uns und nimmt nun seine eigene kleine Schwester auf den Schoß. Die sieht mindestens genauso zerpflückt aus wie Risto, aber ich traue mich nicht nachzufragen, ob sie auch in die Prügelei verwickelt war.
»Das ist Sari«, erklärt Risto.
»Sanna«, sage ich und zeige auf Sanna.
Danach übernehmen die beiden Kleinen das Wort. Sie brabbeln irgendwas vor sich hin und ich bin froh, dass Risto vorbeigekommen ist. Denn jetzt kann ich einfach meinen Gedanken nachhängen. Ich vermisse Papa. Der könnte mir das alles hier erklären. Und ich vermisse Erkki und Ilkka. Mit denen könnte ich jetzt Fußball spielen und alles andere wäre egal. Und ich vermisse Mama. Aber gleichzeitig bin ich auch so furchtbar wütend auf sie, dass ich versuche, gar nicht an sie zu denken. Was nicht so einfach ist. Denn obwohl Sanna von Sari abgelenkt ist, fragt sie mich zwischendurch immer wieder, wann Mama endlich kommt.

Abends müssen wir uns alle an die Esstische im vorderen Teil des Schiffes setzen. Wir bekommen Brot und Suppe.
Danach werden wir auf unsere Schlafplätze geschickt. Sanna will nicht alleine in ihrem Bett schlafen. Um uns herum weinen und schreien wieder alle und ich würde am liebsten wegrennen, aber wohin soll man schon rennen auf einem Schiff?
Ich hole Sanna zu mir ins Bett und fange an, ihr eine Geschichte von einer Prinzessin zu erzählen, die von einem stolzen finnischen Bauern gerettet wird. Zum Glück findet Sanna die Geschichte so spannend, dass sie sich langsam beruhigt. Und nicht nur sie: Nach einer Weile merke ich, dass auch einige Kinder um uns herum zuhören. Noch ein paar Momente später steht Risto vor mir, Sari auf dem Arm.

»Dürfen wir uns in Sannas Bett legen? Ich habe von da hinten gesehen, dass es frei ist.«
Ich nicke. Dann erzähle ich weiter. So lange, bis Sanna endlich eingeschlafen ist.
»Sari schnarcht auch schon«, flüstert Risto zu mir herüber.
Ich sage nichts.
»Glaubst du, sie werden nett zu uns sein in Schweden?«, fragt Risto.
»Ich weiß nicht. Mein Papa sagt immer, das sind alles feine Pinkel«, flüstere ich zurück.
»Ja, das sagen viele. Aber mein Onkel war schon ein paar Mal da. Der fährt zur See. Er sagt, dass die Schweden am Ende genauso pinkeln wie wir.«
Ich muss lächeln. Ja, das stimmt wohl. Aber gilt das nicht auch für die Russen? Trotzdem schießen die auf unsere Soldaten.
»Glaubst du, die spielen da Fußball?«, frage ich.
»Bestimmt«, meint Risto. »Und die sollen noch richtig viel Zucker haben. Zimtschnecken und all das.«
Beim Gedanken daran läuft mir das Wasser im Munde zusammen.
»Trotzdem wäre ich lieber zuhause«, sage ich trotzig und versuche, die Bilder von dampfenden, duftenden Zimtschnecken vor meinen Augen zu verbannen.
»Klar, ich auch. Aber sie haben uns nun mal weggeschickt. Da sollten wir das Beste draus machen«, höre ich Risto noch sagen und schon bald darauf schnarcht er.

Ankunft in Schweden

Ich habe kaum geschlafen. Ständig hat irgendein Kind geweint. Die freiwilligen Helferinnen und die Krankenschwestern sind herumgelaufen und haben versucht, die Kinder zu trösten. Aber das hat kaum etwas geholfen. Wie auch? Alle vermissen ihre Eltern. Ich auch. Obwohl ich gleichzeitig immer noch furchtbar sauer auf Mama bin.

Wenigstens hat Sanna die Nacht fast durchgeschlafen. Einmal ist sie kurz ein bisschen wach gewesen, aber da habe ich ihr Mamas Gutenachtlied vorgesungen und sie ist sofort wieder eingeschlafen. Sie glaubt immer noch, dass Mama bald auch nach Schweden kommen wird.

Als wir geweckt werden, ist es draußen noch dunkel. Aber wir werden bald in Stockholm ankommen. Wir bekommen Haferbrei zum Frühstück. Sogar mit einem Klacks Marmelade. Sanna gerät völlig aus dem Häuschen. Ich muss sie richtig überreden, auch den Haferbrei zu essen und nicht nur die Marmelade abzulöffeln, die da so herrlich rot und süß auf ihrem Teller in einem See von Haferschleim schwimmt. Dabei versuche ich mich zu erinnern, wann wir das letzte Mal Marmelade zuhause hatten. Wahrscheinlich letztes Jahr im Sommer. Da hat Tante Päivi ein paar Gläser geschickt. Tante Päivi wohnt nämlich auf dem Land. Die Jahre zuvor sind wir im Sommer immer zu ihr gefahren und haben beim Pflücken und Einkochen der Beeren geholfen. Doch letztes Jahr ging das nicht. Das Geld war zu knapp.

Ich gucke Sanna an, wie sie selig mit dem Löffel in ihrem Teller herummatscht. Dabei murmelt sie immer wieder vor sich hin »Marmelade«.

»Ich glaube, ich füttere dich mal lieber«, sagt da auf einmal eine freundliche Stimme und setzt sich neben Sanna auf die lange Bank.

Sanna guckt sie erschrocken an, als die junge Helferin versucht, ihr den Löffel aus der Hand zu nehmen.

»Keine Sorge, du kriegst ja den Brei«, sagt die Frau beruhigend.

»Ich mache das schon«, sage ich.

Ich schiebe meinen Teller zur Seite. Der ist schon leer.

Sanna gibt mir ihren Löffel und ich fange an, sie zu füttern. Die Frau guckt uns zu. Ich beschließe, sie einfach zu ignorieren und erzähle Sanna, die am

liebsten nur die Marmelade essen will und den Mund nicht aufmacht, wenn nur Haferbrei auf dem Löffel ist, Geschichten über leere Teller, fliegende Löffel, Haferbreimonster und was mir sonst noch so einfällt. Am Ende hat sie aufgegessen.
»Dann geht mal und packt eure Sachen zusammen«, sagt die Helferin. »Du bist ein toller großer Bruder!«
Dann dreht sie sich um und geht weg. Aber ich bin mindestens um fünf Zentimeter gewachsen. So etwas hat noch nie jemand zu mir gesagt.
Wenig später läuft unser Schiff in den Hafen von Stockholm ein. Wir alle müssen uns am Ausgang aufstellen, die Taschen und Koffer in der Hand, ordentlich angezogen und die Zettel um den Hals. Die Aufsichtspersonen gehen umher und überprüfen, ob auch alles richtig sitzt. Zu uns kommt wieder die nette Helferin vom Frühstück. Sie zwinkert mir zu.
»Wird schon alles werden«, flüstert sie.
Ich nicke und versuche, nicht so aufgeregt zu wirken, wie ich mich fühle. Denn ich habe keine Ahnung, was da draußen auf uns wartet. Und ich habe Angst.
An der Zappelei, die Risto neben mir anstellt, merke ich, dass es ihm genauso geht.
»Ein Jammer, dass wir wahrscheinlich nicht in Kontakt bleiben können«, ruft er mir zu.
»Ich wünsche dir aber alles Gute«, sage ich zurück und fühle mich dabei ganz erwachsen.
»Ich wünsche dir alles Gute.« Das haben die Freunde von Papa gesagt, als er los musste zur Armee.
»Ich dir auch«, antwortet Risto. »Und der Kleinen natürlich.«
»Ja, für Sari auch«, nicke ich zurück.
Und dann sind wir da und gehen vorsichtig die Gangway hinab. Wir betreten schwedisches Festland.

Eine geheime Botschaft

Irgendwie hatte ich gedacht, sie würden dort auf uns warten. Die schwedischen feinen Pinkel, die uns doch so unbedingt bei sich aufnehmen wollen. Aber stattdessen warten da Krankenschwestern. Die sehen ein bisschen anders aus als unsere finnischen Rotkreuzschwestern. Aber nicht viel. Bloß sprechen sie schwedisch. Jetzt geht es also los.

Ich versuche, mich zu konzentrieren, um etwas zu verstehen. Aber das Schwedisch hier klingt so anders, als das, was ich in der Schule gelernt habe. Viel schneller und lauter und alles durcheinander. Ich greife Sannas Hand fester. Wie sollen wir das nur überstehen?

Als wir an der Reihe sind, fragt die Krankenschwester: »Sprecht ihr schwedisch?«

»Ein bisschen«, sage ich.

Sie stellt mir viele Fragen mit schwierigen Worten. Es dauert ein wenig, bis ich verstehe, was sie meint. Dann erkläre ich ihr mit Gesten und den Wörtern »rote Punkte«, dass wir beide schon vor Ewigkeiten die Windpoken hatten. Aber das war es auch.

Die Frau lächelt, als sie mich verstanden hat.

Sanna hält meine Hand ganz fest und guckt sich die ganze Zeit neugierig um. Es gibt ja auch jede Menge zu sehen. Alle Kinder müssen sich ausziehen und die Rotkreuzschwestern untersuchen uns gründlich. Risto und Sari werden zu der Krankenschwester neben uns geschickt. Als ich sehe, wie Risto sein Hemd auszieht, stockt mir der Atem. Er muss in eine ziemlich üble Prügelei geraten sein!

Er ist überall grün und blau und ich kann sehen, wie sich die Augen der Krankenschwester, die ihn untersucht, vor Entsetzen weiten.

Wenn Erkki, Ilkka und ich uns gegenseitig oder mit anderen Jungs aus dem Viertel so geprügelt hätten, wäre jedenfalls ganz schön was losgewesen zwischen unseren Müttern, so viel ist klar. Und ich hätte wahrscheinlich für den Rest meines Lebens Hausarrest bekommen.

»Es ist alles in Ordnung, du kannst dich wieder anziehen«, sagt die Krankenschwester zu mir, nachdem sie auch meinen Kopf abgesucht hat – vielleicht denkt sie ja, wir haben alle Läuse? Aber die hatte ich schon

ewig nicht mehr. Das ist jetzt mindestens zwei Jahre her, da hat Erkki die Läuse angeschleppt und die ganze Schule musste behandelt werden. Das komische Zeug, das wir auf die Köpfe bekommen haben, hat abscheulich gestunken und fast noch mehr gejuckt als die Läusebisse selbst.
Schnell schüttle ich den Kopf, um die Erinnerung zu vertreiben. Ich bin nicht zuhause in Helsinki, sondern in Schweden. Und ich muss aufpassen, was hier mit Sanna und mir passiert. Während ich meine Hose anziehe, ist Sanna dran mit ausziehen. Sie guckt mich fragend an und als ich nicke, wehrt sie sich nicht. Anders als viele andere Kleinkinder hier. Die verstehen kein Schwedisch und haben keinen, der ihnen beisteht. Es wird wieder geheult, geheult und geheult. So langsam bekomme ich Kopfschmerzen von all dem Gewimmer.

Auch bei Sanna ist alles in Ordnung und wir dürfen weitergehen. Jetzt kommen wir in einen Saal, wo wieder lange Tische stehen. Hier wartet Essen auf uns. Und dann werden wir aufgeteilt. Einige der Kinder fahren in großen Bussen in andere Landesteile, wo ihre schwedischen Familien auf sie warten. Sannas und mein Name wird allerdings nicht aufgerufen.
In mir pocht auf einmal eine kleine Hoffnung. Es summt ganz leise in meinen Ohren: Was, wenn das alles ein Missverständnis ist? Was, wenn es hier gar keinen Platz für Sanna und mich gibt und wir zurückkehren dürfen nach Finnland? Nach Hause.

Aber da habe ich mich zu früh gefreut. Die anderen Kinder verlassen die Halle, die auf einmal furchtbar leer wirkt. Nur zwei der langen Tische sind noch besetzt. Auch Risto und Sari sind verschwunden, ich konnte ihnen gerade noch zuwinken, bevor sie hinter der Tür verschwanden. Obwohl ich Risto nur so kurz kennengelernt habe, fühle ich mich auf einmal wieder einsamer als vorher.
»So, jetzt zu euch«, sagt eine der finnischen Helferinnen.
»Es kommen jetzt ein paar Familien aus Stockholm, auf die ihr verteilt werdet.«
In mir krampft sich alles zusammen. Das leise hoffnungsvolle Summen von vorhin wird zu einem ohrenbetäubenden Rauschen und ich muss mich

zusammenzureißen, um nicht laut aufzustöhnen. Als hätte mir einer in den Bauch geboxt.
Sanna merkt, dass etwas nicht stimmt. Ich nehme sie auf meinen Schoß, um sie zu trösten. Und mich auch.
Dann kommen die Familien. Eigentlich sehen sie ganz nett aus. Ziemlich schick allerdings. Das mit den feinen Pinkeln scheint zu stimmen. Nur ein Mann sieht eher so aus, als würde er auf dem Land wohnen und nicht in der großen Stadt.
Und dann geht alles ganz schnell. Die Erwachsenen sprechen untereinander, aber jetzt wieder so durcheinander, dass ich kaum etwas verstehe. Nur das Wort »Mädchen« kann ich immer wieder hören.
Auf einmal kommt eine Frau auf mich zu. Ich versuche zu lächeln so nett ich kann. Sie nimmt mir Sanna vom Arm und ich will aufstehen, um mitzugehen. Aber sie sieht mir ins Gesicht und schüttelt den Kopf.
Ich verstehe nicht. Was soll das?!
Ich stehe auf und laufe mit. Wo Sanna hingeht, gehe ich auch hin! Eine der Helferinnen kommt und hält mich fest. Ich reiße mich los und renne der Frau mit Sanna auf dem Arm hinterher.
»Sanna!«, brülle ich und da versteht auch Sanna, dass etwas nicht in Ordnung ist.
Sie guckt über die Schulter der Frau und streckt die Arme nach mir aus und schreit wie am Spieß. Lauter, als ich es je gehört habe.
Jetzt kommen noch mehr Frauen und halten mich fest. Ich kämpfe so wild ich kann und mittlerweile bin auch ich voller Rotz und Schnodder und Tränen, aber das ist mir egal, ich will zu Sanna! Ich habe versprochen, auf sie aufzupassen!
Ich kann ihr Geschrei draußen auf der Straße hören. Erst so laut wie eine Sirene. Dann immer leiser. Und dann ist es weg. Aber in mir drin schreit Sanna weiter. Ich kämpfe und versuche, mich los zu winden. Aber die Helferinnen halten mich eisern fest. Irgendwann gebe ich auf. Sanna ist verschwunden und jetzt bin ich ganz alleine.

Ich lasse mich auf den Boden fallen. Jetzt ist mir alles egal. Um mich herum sind verschreckte Kinder und die Erwachsenen sehen auch nicht gerade

glücklich aus. Nur die Helferinnen und Krankenschwestern machen entschlossene Gesichter. So als sei das alles normal und müsse eben sein.
»Ich nehme den Kleinen mit«, höre ich auf einmal den Mann vom Land ganz dicht bei mir sagen.
Er berührt mich an der Schulter. »Na komm, steh auf!«
Ich gehorche. In mir ist alles leer. Mir ist gleichgültig, was jetzt noch mit mir passiert. Das hier ist gerade schlimmer als alle Albträume, die ich jemals hatte, zusammen genommen.
Der Mann füllt ein paar Papiere aus und dann nimmt er mich mit nach draußen. Da steht eine Kutsche oder eher ein Heuwagen. Er setzt mich neben sich auf den Kutschbock und will gerade das Pferd antreiben, da ruft jemand hinter uns.
»Wartet!«
Es ist die nette Helferin vom Schiff. Sie stellt sich neben mich und flüstert auf Finnisch, damit der Mann es nicht versteht: »Das hier ist die Adresse von der Familie, die Sanna mit genommen hat. Ich darf sie dir eigentlich nicht geben, aber das ist mir egal. Schreib ihr oder frag deine neue Familie, ob du sie mal besuchen darfst. Geschwister sollten nicht getrennt sein.«
An ihrem Gesicht sehe ich, dass sie gerne weinen würde und furchtbar wütend zugleich ist. Und auf einmal funkt da etwas in mir auf. Auf einmal fühle ich mich nicht mehr nur leer. Ich werde Sanna wiederfinden!
»Danke«, sage ich zu der Frau, denn mehr kriege ich gerade nicht heraus. Sie nickt erst mir und dann dem Mann zu, dann wendet sie sich ab und geht. Mit geradem Rücken und schwingendem Rock und ich habe das furchtbare Gefühl, dass das das letzte Mal für lange Zeit gewesen sein wird, dass jemand mein finnisches »Danke« versteht.

Das neue Zuhause

Der Mann neben mir guckt neugierig auf den Zettel, den mir die Helferin übergeben hat. Ich falte ihn schnell zusammen und stecke ihn ganz tief in meine Hosentasche. Dann lächle ich dem Mann zu und tue so, als sei nichts gewesen.
»Sture«, sagt der und zeigt dabei auf sich.
»Ich heiße Matti«, antworte ich auf Schwedisch, um ihm zu zeigen, dass ich zumindest etwas gelernt habe.
Er lächelt und fährt los. Dabei schwatzt er in einer Tour auf mich ein. Wenn ich nicht die ganze Zeit an Sanna denken müsste, könnte ich mich fast wohlfühlen. Die Sonne scheint und ich bin noch nie mit einer Kutsche gefahren. Das Pferd riecht gut und zieht uns beständig durch die Straßen. Es dauert ein Weilchen und dann haben wir die Stadt hinter uns gelassen. Sture erzählt immer weiter. Er spricht sehr schnell und ich verstehe nicht sehr viel. Aber ich glaube, er hat mir erklärt, dass ich auf einen Bauernhof komme. Er selbst ist der Knecht auf dem Hof. Heute Morgen musste er etwas in der Stadt abliefern und sollte mich auf dem Rückweg mitnehmen. Als ich das verstehe, sinkt mir das Herz wieder ein bisschen. Mit Sture kann man es aushalten. Aber wer weiß, wie die Familie ist? Werden sie mir helfen, Sanna zu finden? Können sie noch ein zweites Kind aufnehmen?
Mir kommt es vor, als würden wir ewig durch die Gegend fahren. Mit jedem Hufschlag hallt es durch meinen Kopf: San-na. San-na. San-na. Immer wieder muss ich in meine Hosentasche greifen, um zu prüfen, ob der Zettel noch da ist. Der Zettel, der mich zu meiner kleinen Schwester führen kann.

Als wir endlich auf einen riesigen Hof einbiegen, fühle ich mich furchtbar durchgeschüttelt. Der letzte Teil der Wegstrecke war voller Schlaglöcher und die Kutsche ist nicht gerade gut gefedert. Der Hof kommt mir riesig vor. Ein rot angestrichenes Holzhaus bildet die Mitte, drumherum sind andere Gebäude gebaut. Es riecht nach Tieren und erinnert mich an unsere Ausflüge aufs Land zu Tante Päivi. Nur ist das Haus, in dem Päivi wohnt, nicht einmal halb so groß. Wir fahren zum Stall und Sture erklärt mir, dass

er das Pferd Jördis jetzt erst einmal abschirren muss. Ich springe ab und will ihm helfen, da tritt ein großer Mann aus dem Haupthaus und geht auf uns zu.
Sture nimmt seinen Hut ab und ich versuche schnell, mir die Haare ordentlich auf den Kopf zu streichen, so wie Mama das sonst immer macht.
»Willst du mich nicht begrüßen?«, brummt mir der Mann entgegen.
Ich nicke und laufe zu ihm, halte ihm die Hand hin.
»Lass mal«, sagt der Mann und geht an mir vorbei. Er stellt sich zu Sture und lässt sich berichten, wie der Tag war.
Dann kommt er wieder zu mir.
»Wir gehen jetzt ins Haus, die Frau will dich sehen«, knurrt er mich an und ich folge ihm, als er mit großen Schritten wieder den Hof überquert. Dabei sehe ich mich noch einmal nach Sture um. Der steht immer noch da und schaut uns an und sieht gar nicht fröhlich aus.
Durch das Umgucken habe ich einen Stein übersehen und stolpere.
»Diese Finnen sind noch trotteliger als ich gedacht habe«, höre ich den Mann murmeln und beiße mir auf die Lippen.
Und diese Schweden sind noch überheblicher als ich gedacht habe!

Im Haus empfängt uns eine Frau, die viel jünger aussieht als der Knurrer. Sie läuft lächelnd auf mich zu und wischt sich die Hände an ihrer Schürze ab. Bestimmt hat sie gerade gebacken. Im ganzen Haus riecht es nach Zimt. Endlich ist etwas so, wie ich es mir vorgestellt habe.
»Ich bin Inge«, erklärt sie mir. »Und wie heißt du?«
Sie spricht ganz langsam und ihr Mund und ihre Augen lächeln die ganze Zeit. Ich kann gar nicht anders: Ich muss zurücklächeln.
»Ich bin Matti«, sage ich.
»Jaja, genug mit den Albernheiten. Zeig dem Jungen, wo er schläft. Und morgen früh stehst du mit auf und hilfst bei der Hofarbeit«, brummt der Mann und geht aus dem Haus. Die Tür knallt er dabei hinter sich zu.
»Er wollte eigentlich niemanden aufnehmen«, sagt Inge und lacht, als wäre das unser gemeinsames Geheimnis. »Aber ich habe ihn überredet und es wird schon alles gut klappen! Jetzt kriegst du erstmal was zu essen und dann zeige ich dir alles. Schön, dass du da bist.«

Und damit führt sich mich an einen Tisch, der mitten in der Küche steht und auf dem frische Zimtschnecken dampfend auf mich warten, ein Glas Milch direkt daneben.
Wie im Paradies. Nur dass da dieses Bild von Sanna in meinem Kopf ist. Von Sanna, die nach mir schreit und die ich einfach im Stich gelassen habe. Bei dem Gedanken wird mir ganz flau im Magen und eigentlich will ich gar nichts essen. Aber Inge guckt mich so erwartungsvoll und froh an, dass ich mich zwinge, in die Zimtschnecke zu beißen. Sie schmeckt herrlich. Nach frischer Butter und Hefe, Zucker und Zimt. Mir kommen die Tränen, denn sofort habe ich ein schlechtes Gewissen: Ob Sanna jetzt auch leckere Zimtschnecken ist? So als wäre nichts gewesen? Schnell nehme ich einen großen Schluck Milch, denn die Leckerei fühlt sich plötzlich wie trockener Staub an in meinem Mund.
»Na, dir scheint es ja zu schmecken«, freut sich Inge.
Ich nicke – was soll ich auch anderes tun.

Der Anfang

Inge zeigt mir den ganzen Hof. Es gibt kein Zimmer für mich, ich muss auf einer Bank in der Wohnküche schlafen. Aber das macht mir nichts. Zuhause haben Sanna und ich uns ja auch die kleine Abstellkammer geteilt. Komisch ist nur, dass im oberen Stockwerk noch zwei Zimmer sind, in denen Einzelbetten stehen.
Inge redet wie ein Wasserfall auf mich ein. Wie froh sie ist, dass ich hier bin. Und wie nett wir es uns zusammen machen werden. Dass die meisten ja ein Mädchen wollen und keinen Jungen. Aber dass sie ihren Mann Henning nur zu einem Jungen überreden konnte.
»Weil du dann ein bisschen hier mitanpacken und arbeiten kannst, weißt du? Aber ich werde schon mit ihm sprechen, zu hart wird es nicht werden. Und in einer Woche geht sowieso die Schule los«, sagt Inge und lächelt dabei so unbeschwert, dass ich ihr glauben muss.
Am liebsten würde ich ihr sofort von Sanna erzählen. Aber ich traue mich nicht. Was, wenn sie direkt Henning davon berichtet? Was, wenn sie verhindern, dass ich Kontakt zu ihr aufnehme? Ich beschließe, dass ich erst einmal einen fertigen Plan im Kopf haben will, bevor ich mit Inge darüber spreche. Und vorher schreibe ich auch Mama nicht. Inge hat mir zwar extra eine kleine Postkarte vorbereitet, damit ich Mama berichten kann, dass es mir gut geht. Aber ich will ihr nicht schreiben. Sie hat uns ja weggeschickt, soll sie sich ruhig ein bisschen Sorgen um uns machen! In meinem Kopf überschlagen sich die Gedanken und Gefühle. Ich bin so wütend auf Mama. Und gleichzeitig habe ich so ein schlechtes Gewissen, weil ich mein Versprechen nicht gehalten habe. Ich kann mir gut Mamas Gesicht vorstellen, wenn sie wüsste, dass ich Sanna allein gelassen habe. Aber ich blinzle schnell ein paar Mal, damit das Bild von Mamas Gesicht weggeht. Und die Tränen. Inge ist zwar nett. Aber sie soll mich auf keinen Fall weinen sehen.

Abends kommt Henning wieder ins Haus. Er streift seine großen Stiefel ab und pfeffert sie in die Ecke. Dann setzt er sich an den Tisch, wo ich schon auf das Essen warte. So, wie Inge es mir gesagt hat.

»Siehst du, ein absoluter Nichtsnutz«, raunzt Henning Inge zu. »Macht nicht einen Finger krumm und lässt sich von dir bedienen.«
»Ach Henning, ich hatte ihn darum gebeten sich zu setzen«, erklärt Inge und macht sich nichts daraus.
Aber in mir brennt alles. Henning stinkt nach Stall und dabei soll ich jetzt essen? Und dann beschimpft er mich auch noch. Er guckt mich nicht einmal an. Als wäre ich gar nicht da. Nur, dass er dann keinen Grund hätte, so böse zu sein.
Den Rest des Abends sage ich nichts und mache mich möglichst unsichtbar. Auch Henning und Inge essen schweigend.
Nach dem Essen helfe ich Inge, das Geschirr abzuräumen und dann schickt sie mich ins Bett.
Von der kleinen Bank aus sehe ich dabei zu, wie Henning sich noch eine Pfeife stopft und Inge abwäscht. Dann gehen die beiden nach oben in ihr Schlafzimmer. Und ich bleibe im Dunkeln liegen. Ich kann unmöglich schlafen. Sobald ich die Augen schließe, sehe ich Sanna vor mir.
Meine Gedanken drehen sich im Kreis. Der Familie in Stockholm war es egal, dass ich hinter Sanna hergerannt bin. Und dass Sanna nach mir geschrien hat. Wenn ich Sanna auf Finnisch schreibe, kann sie es nicht selbst lesen, aber es kann ihr auch keiner vorlesen. Und wenn ich ihr auf Schwedisch schreibe, dann lesen sie es garantiert nicht vor. Was soll ich also machen? Ich könnte höchstens Henning und Inge bitten, dass ich Sture bei der nächsten Fahrt in die Stadt begleiten und dann versuchen darf, Sanna zu besuchen. Vielleicht lassen die Pflegeeltern mich ja zu ihr vor, wenn ich so überraschend vor der Tür stehe? Vielleicht kommt Sture ja sogar mit? Dann sind wir nicht so leicht abzuwimmeln.

Als Henning mich weckt, fühle ich mich, als wäre ich gerade erst eingeschlafen.
»Steh auf, du Faulpelz! Es wird Zeit, dass du endlich arbeitest!«
Ich rappel mich hoch und ziehe mich an, so schnell ich kann. Inge ist auch schon auf den Beinen und nickt mir zu.
»Frühstück gibt es später, jetzt müssen erst einmal die Tiere versorgt werden«, erklärt sie.

Henning wartet auf mich und gemeinsam gehen wir hinaus. Sture steht schon im Kuhstall und wirft mit der Mistforke vollgekacktes Stroh durch die Luft auf eine Schubkarre. Es stinkt fürchterlich.
»Na, stinkt es dir zu sehr? Da wirst du dich schon dran gewöhnen«, dröhnt Henning, als er mein Zögern bemerkt. Er drückt mir eine Mistforke in die Hand und zeigt auf das Stroh.
Er selbst geht wieder weg und ich mache mich an die Arbeit. Die Forke an sich ist schon ziemlich schwer. Aber mit dem vollgesogenen Stroh darauf, wiegt die Gabel so viel, dass ich sie kaum noch hochstemmen kann.
»Langsam, langsam«, murmelt Sture. »Der Bauer sieht dich nicht. Nimm kleinere Portionen, bis du es raus hast.«
Er lächelt mir zu und seine Stimme klingt beruhigend in mir nach. Beim nächsten Mal spieße ich nicht ganz so viel Stroh auf. Und langsam geht es besser, auch wenn ich jetzt schon merke, dass ein ordentlicher Muskelkater auf mich wartet.
Dann geht es weiter: Kühe melken und füttern, die Schweine versorgen, den Hühnern Körner bringen und zugleich nach Eiern suchen. Diese Aufgaben mag ich lieber. Es ist schön, den Tieren beim Futtern zuzusehen. Aber lange stehenbleiben kann ich nie. Kaum bin ich mit etwas fertig, kommt Henning wieder und treibt mich zur nächsten Aufgabe.
Schon als wir beim Frühstück sitzen, habe ich beide Hände voller Blasen. Obwohl ich zuhause auch immer viel angepackt habe. Papa hat mich immer seinen besten Helfer genannt. Aber das hier ist anders. Ich kann nicht mehr! Ich fühle mich, als würde ich gleich vom Stuhl fallen vor Erschöpfung. Da helfen auch die vielen Leckereien nichts, die Inge auf dem Tisch ausgebreitet hat: Brot, Marmelade und Käse, Butter und Milch. So ein großes Frühstück habe ich schon lange nicht mehr gesehen. Aber mir fehlt der Haferbrei von zuhause.
»Und wie macht er sich so?«, fragt Inge und lächelt mich aufmunternd an, wobei sie mir noch eine Scheibe Brot auf den Teller legt.
»Gib ihm nicht so viel. So wie der arbeitet hat der eigentlich nur ein Glas Wasser verdient«, knurrt Henning.
Und auf einmal fühle ich mich noch erschöpfter als je zuvor.

Ein Wiedersehen

Die nächste Woche vergeht so zäh und langsam, als wäre sie aus mit zu wenig Wasser gekochtem, kaltem Haferbrei. Jeden Morgen weckt Henning mich so schroff, dass ich mir Mühe geben muss, nicht direkt auf dem Boden zu landen. Dann folgt die Stallarbeit. Beim Frühstück versucht Inge mich aufzuheitern. Und dann geht es weiter. Jeden Tag gibt es etwas Neues zu tun. Ich muss Gras mähen oder Beeren pflücken, Zäune ausbessern oder Wasser für Inge ins Haus schleppen.

Klar, Sture und Henning arbeiten mindestens genauso hart. Aber ich bin es einfach nicht gewohnt und dass Henning mich ständig aus dem Augenwinkel beobachtet, um zu schimpfen, wenn etwas schief geht, macht alles noch anstrengender.

Ich würde am liebsten die ganze Zeit weinen. Aber das kann ich nicht. Denn wenn ich jetzt anfange zu weinen, dann wird Henning mir nie erlauben, mit Sture in die Stadt zu fahren. Also strenge ich mich an, so gut ich nur kann. Ich will unbedingt, dass Henning merkt, wie viel Mühe ich mir gebe!

Aber da kann ich lange warten. Meine Hände sind voller Blasen und jeder Muskel in meinem Körper tut mir weh. Wenn ich mich abends ins Bett lege, drehe ich mich ewig hin und her, um eine bequeme Position zu finden. Ich habe überall blaue Flecken, weil ich ständig irgendwo gegenstolpere vor Müdigkeit.

Die ist es auch, die mich jeden Abend dann doch einschlafen lässt. – Blaue Flecken hin oder her.

Im Traum sehe ich dann Sanna. Immer wieder taucht das Bild vor mir auf, wie sie schreiend von mir weggetragen wird und ich nichts dagegen machen kann. Oft kommen dann auch noch Mama oder Papa und schauen mich enttäuscht an, ohne etwas zu sagen. Dann renne ich los. Ich renne und renne, aber ich kann Sanna nirgends finden. Überall sind nur fremde, gesichtslose Menschen um mich herum.

Meistens erwache ich schweißgebadet und brauche lange, bis ich wieder einschlafen kann. Vor allem, weil der Wutklumpen in meinem Bauch immer größer wird. Ich bin wütend. Wütend auf mich selbst, weil ich

Sanna nicht helfen konnte. Wütend auf Henning, weil er nur meckert. Wütend auf Inge und Sture, weil sie ihm nie widersprechen und mir nur im Geheimen helfen. Aber vor allem bin ich wütend auf Mama. Mama, die uns hierher geschickt hat, weil sie dachte, dass es uns besser gehen wird. Aber so schlecht wie hier, ist es mir noch nie gegangen. Da hilft auch das viele gute Essen nichts!

Die Schule habe ich ganz vergessen, bis Inge mir am Sonntagabend ein frisches Hemd neben das Bett legt.
»Das kannst du morgen nach dem Frühstück anziehen«, lächelt sie mir zu. »Du willst ja im Klassenzimmer nicht nach Kuhstall riechen.«
Ich nicke. Und dann fängt das Gedankenkarussell an. Wie wird es wohl werden in der Schule? Ist mein Schwedisch gut genug? Die letzte Woche habe ich schon viel dazu gelernt, aber das waren vor allem Worte rund um den Hof hier. Den Rechenunterricht werde ich damit kaum bestehen können. Ob die anderen Kinder sich über mich lustig machen werden? Ob ich vielleicht Freunde finde? Erkki und Ilkka fehlen mir so sehr. Es wäre schön, endlich mal wieder ein bisschen Fußball zu spielen.

Am nächsten Morgen weckt Henning mich wie immer.
»Schlimm genug, dass du den Tag über in der Schule bist. Die Stallarbeit erledigst du wenigstens noch«, knurrt er mich an.
Ich nicke, traue mich nicht zu widersprechen. Wenn ich jetzt in den Stall gehe, werde ich danach stinken, neues Hemd hin oder her. Ich habe mich mittlerweile an den Geruch gewöhnt. Es gibt sogar eine Kuh, die ich besonders gerne mag. Smilla. Sie guckt mich immer aus großen braunen Augen an und dann muss ich an Papa denken und an alle, die mir fehlen. Und ich hoffe, dass ich sie bald wiedersehen werde.
»Träum nicht so viel rum«, schnauft Henning mich an und stößt mich.
Ich packe die Mistgabel fester und beiße die Zähne zusammen, dann werfe ich weiter vollgekacktes Stroh auf die Schubkarre.
Nach der Stallarbeit gibt es endlich Frühstück und dann sagt Inge:
»Heute bringe ich dich noch zur Schule. Morgen kennst du den Weg dann selbst.«

Ich nicke und versuche, mir mit dem Wasser im Waschzuber noch ein wenig die Hände zu waschen, bevor ich das neue Hemd anziehe. Dann gehen wir los.

Der Weg zur Schule ist nicht so weit, wie ich gedacht hatte. Inge hat mir eine Tasche gegeben, in die sie ein Brot für mich gepackt hat und ein Schreibheft und zwei Stifte.

Sie erzählt mir von ihrer Mutter und dass sie selbst in die Schule gegangen ist, zu der wir jetzt gehen. Aber ich kann ihr gar nicht richtig zuhören. Um mich schwirrt alles. Wenn da doch nur nette Jungs wären, pocht es immer wieder in meinem Kopf.

Und dann passiert die Überraschung: Kaum sind wir auf dem Schulhof eingebogen, da sehe ich ihn auch schon. Risto steht da. Mit einer kleinen Tasche über der Schulter und ein bisschen runder im Gesicht als bei unserer letzten Begegnung. Neben ihm steht eine Frau. Sie streicht ihm zum Abschied über den Kopf und er wendet sich der Schultreppe zu.

»Warte«, platzt es auf Finnisch aus mir heraus.

Inge guckt mich verwundert an und Risto dreht sich um. Dann überzieht ein Strahlen sein Gesicht.

»Matti!«, ruft er.

»Kennst du den Jungen?«, will Inge wissen.

Ich nicke. »Bis später und Danke«, sage ich ihr und laufe auf Risto zu.

Auf einmal sieht das Leben wieder viel rosiger aus.

Schule

»Matti, wie geht's dir, alter Knabe?«, Risto klopft mir mit einem dicken Grinsen im Gesicht auf die Schulter.
So, als würden wir uns schon ewig kennen.
»Gut«, antworte ich völlig perplex. »Wieso bist du hier?«
Risto lacht. »Na, Sari und ich wohnen ganz hier in der Nähe. Unser Bus ist nicht so weit von Stockholm weggefahren. Um genau zu sein, direkt zu dieser Schule hier und da sind Sari und ich ausgestiegen, dann fuhr der Bus weiter und unsere Gastfamilie hat uns mitgenommen. Sie haben mir schon erzählt, dass hier noch ein paar von uns in der Nähe sind und ich hatte so ein Gefühl, dass Sanna und du dabei seid.«
»Nur ich«, sage ich dumpf und in mir ist alle Freude sofort wieder verschwunden.
Risto guckt verständnislos. »Was meinst du?«
»Nur ich bin hier. Sanna ist irgendwo in Stockholm.«
Risto guckt mich erst an, als wollte ich ihn vereimern. Aber dann sieht er wohl in meinen Augen, dass es stimmt und das Entsetzen in seinem Gesicht macht es mir gleichzeitig leichter und schwerer, alles zu ertragen. Denn wenn einer wie Risto das schlimm findet, dann ist es wirklich, wirklich schlimm. Dann bilde ich mir das nicht nur ein.
Risto will noch etwas sagen, aber da kommt die Lehrerin in das Klassenzimmer. Sie stellt uns den anderen Kindern vor und zeigt uns unsere Plätze. Zum Glück dürfen wir nebeneinander sitzen.
Und ich brauche mir keine Sorgen machen: Die Kinder machen sich nicht über uns lustig. Im Gegenteil, sie sind neugierig von uns zu hören, wie das ist, im Krieg zu leben. In der ersten Pause scharen sie sich alle um uns und stellen eine Frage nach der anderen. Wie es ist, wenn Krieg ist, zum Beispiel. Und ob wir selbst schon Bomben gesehen haben. Risto erzählt ein bisschen was. Bei ihm klingt es fast so, als wäre es eine gute Sache, dass unsere Väter an der Front sind. Aber ich korrigiere ihn nicht. Es soll mich ja keiner für ein Weichei halten. Außerdem muss ich weiter an Sanna denken. Wieso haben Risto und Sari nur so ein Glück? Sie durften zusammen bleiben.

Aber dann fällt mein Blick auf einen der verblassten blauen Flecken an Ristos Hals, der gerade noch so unter dem Hemd hervorlugt. Und ich denke mir, dass es vielleicht gerecht ist, dass er jetzt auch mal Glück hatte im Leben.

Während Risto erzählt, schaue ich mich im Klassenzimmer um. Schön hell ist es hier. Heller als bei uns in der Schule. Aber auch viel kleiner. Scheinbar gibt es nur dieses eine Zimmer, wo alle Kinder unterrichtet werden. Und auch nur die eine Lehrerin.

In der ersten Stunde nach der Pause lässt sie uns Sätze darüber schreiben, wie unsere Sommerferien waren. Risto und ich sollen dagegen von der Reise nach Schweden berichten. Ich drehe und wende den Stift in der Hand. Rolle ihn zwischen Daumen und Zeigefinger hin und her und sehe, wie Risto langsam aber doch Worte aufs Papier bringt. Eine Stelle mag ich besonders. »Und dann haben wir Matti und Sanna getroffen. Das war gut.«

Ich hingegen weiß nicht, was ich schreiben soll. Wenn ich etwas über die Reise schreibe, muss ich auch von Sanna schreiben und das bringe ich einfach nicht über mich.

»Was ist los? Magst du nichts schreiben?«, fragt die Lehrerin und geht vor meinem Tisch in die Hocke.

Ich gucke sie aus großen Augen an. Sage nichts.

»Vielleicht wäre ein anderes Thema besser für ihn«, sagt Risto leise von der Seite.

Die Lehrerin runzelt die Stirn. Ein bisschen besorgt sieht sie aus. Dann zuckt sie mit den Schultern. »Na gut, schreib gerne über etwas anderes«, sagt sie dann und da weiß ich mit ganz großer Sicherheit, dass diese Lehrerin einer der nettesten Menschen auf der Welt ist. Fast so nett wie die Helferin, die mir den Zettel mit Sannas Adresse gebracht hat.

In der Pause sagt Risto: »Was ist denn jetzt mit Sanna?«

Ich erzähle ihm alles. Auch vom Zettel mit der Adresse. Mittlerweile kann ich die auswendig. Ich sage sie ihm auf: Stora Gustavsgatan 12, Stockholm. Ich muss nur die Augen schließen, dann sehe ich den Zettel mit den schönen geschwungenen Buchstaben vor mir.

»Wenn Sture mal an einem Wochenende in die Stadt muss, dann frage ich, ob ich mit darf. Ich will sehen, wie es Sanna geht«, sage ich entschlossen.

Risto nickt. »Ja, das würde ich auch wollen an deiner Stelle. Ist eine gute Idee. Aber du brauchst dir keine Sorgen zu machen. Ihr geht es bestimmt gut. Ist doch wie im Paradies hier.«
Risto guckt mich aus seinen blauen Augen an und ich merke, dass bei ihm alles umgekehrt ist. Wahrscheinlich ist das Einzige, wovor er hier Angst hat, der Tag, an dem er wieder zurück nach Finnland muss.
Ich weiß nicht, ob ich ihn beneiden oder bemitleiden soll. Überhaupt habe ich noch nie so wenig gewusst, was richtig ist, wie in diesen vergangenen Tagen. Nur eins weiß ich sicher: Es ist ein furchtbares Glück, dass ich Risto getroffen habe.

Zu spät

Obwohl ich Sanna immer noch furchtbar vermisse, geht es mir heute auf dem Nachhauseweg besser. Risto hat mir erzählt, wie nett Sari und er es in ihrer Pflegefamilie haben. Sie bekommen sogar wirklich fast jeden Tag eine Zimtschnecke zu essen. Und die anderen Kinder und die Lehrerin waren auch nett zu uns.

Jetzt mache ich mir nicht mehr so viele Sorgen, dass es Sanna schlecht geht. Aber ich würde es trotzdem so gerne genauer wissen. Hoffentlich fährt Sture dieses Wochenende endlich wieder in die Stadt!

Ich laufe den Feldweg entlang und kicke Steine. So wie früher in Helsinki. Nur dass Erkki und Ilkka nicht dabei sind. Aber ich habe jetzt Risto, schon morgen werde ich ihn wiedersehen und ein paar Worte auf Finnisch sprechen können und das macht mich so glücklich, dass ich nicht anders kann. Ich kicke und versuche sogar Hackentricks mit den Steinchen.

»Wir warten und warten auf dich und du hopst hier rum, du Taugenichts!«

Ich habe Henning nicht kommen sehen. Jetzt steht er auf einmal vor mir. Wie ein riesiger Fels. Er guckt drohend auf mich runter und ich zucke unwillkürlich zusammen.

All das Glück, das eben noch in mir war, ist sofort wieder weg. Ich gucke ihn aus großen Augen an, weiß nicht, was ich sagen soll.

»Du bist wirklich eine Landplage. Dass wir dich aufgenommen haben, war ein großer Fehler«, knurrt Henning, packt mich am Kragen und schleift mich hinter sich her zum Hof. Weit ist es nicht mehr.

Ich kann hören, wie der Stoff des neuen Hemdes reißt. Aber ich traue mich nicht, etwas zu sagen. Ich versuche nur, so schnell wie möglich Schritt zu halten und nicht zu viel zu stolpern, damit ich nicht hinfalle und das Hemd völlig kaputt geht.

»Henning, jetzt übertreib doch nicht so«, ruft Inge uns entgegen und kommt aus dem Haus gestürmt.

»Übertreiben? Du kannst wohl nicht mehr klar denken? Der Junge tanzt uns auf der Nase herum!«, brüllt Henning sie an und da dreht sie sich um und geht wieder ins Haus.

Ich will ihr folgen, doch Henning sagt. »Ab in den Stall mit dir, die Stallgasse muss mal wieder ordentlich geschrubbt werden und das Pferdegeschirr sollst du auch noch fetten. Vorher kriegst du kein Abendbrot. Das wird dich schon lehren, pünktlich nach Hause zu kommen.«

Ich nicke und gehe in den Stall. So langsam war ich doch gar nicht! Ich kann höchstens fünf Minuten länger gebraucht haben, als am Morgen mit Inge zusammen.

Ich fange an, die Stallgasse zu schrubben. Und bin mir sicher, dass das vor mir noch nie jemand gemacht hat, so viel Dreck, wie hier liegt.

»Mach dir nichts draus«, sagt Sture, der Jördis hereinbringt und abschirrt. Die beiden waren zusammen auf dem Feld.

»Der Bauer war heute in der Stadt und wollte einen Handel abschließen. Aber der hat nicht geklappt. Jetzt hat er schlechte Laune und lässt es an uns aus. Morgen ist alles wieder gut.«

Ich nicke, denke aber gleichzeitig: Wenn morgen alles so ist wie gestern, dann ist es ganz bestimmt nicht gut!

Ich schrubbe und schrubbe und gebe mir Mühe, die einzelnen Steine auf dem Boden wieder richtig gut sichtbar zu machen. Damit Henning auch zufrieden mit mir ist.

Als der allerdings nach mir gucken kommt, blafft er nur: »Bist du etwa immer noch nicht fertig, du Nichtsnutz?«

Da bin ich so wütend, dass ich dieses Mal nicht einfach schweigen kann.

»Ich mach so schnell ich kann«, sage ich.

Und da fliege ich auf einmal im hohen Bogen seitwärts gegen die Stallwand. Es ist so, als hätte Henning nur darauf gewartet, dass ich ihm Widerworte gebe, und ich habe den Schlag nicht kommen sehen.

Ich bleibe benommen und an die Stallwand gedrückt stehen. Habe Angst, dass Henning mir nachkommt und weiter zuschlägt.

Macht er aber nicht. Er dreht sich um und sagt im Weggehen: »Sieh zu, dass du fertig wirst. Inge will mit dem Abendessen auf dich warten.«

Ich kann nicht einmal weinen. Am liebsten würde ich diesem Fiesling die Kehle aufschneiden, so sehr brodelt es in mir! Immer nur schuften und schuften und schuften! Das ist der Dank! Meine Wange brennt und ich spüre meine Rippen da, wo ich an die Wand gekracht bin, bei jeder Bewegung.

Ich schrubbe weiter und fette das Geschirr und fühle mich völlig erschöpft, als ich endlich ins Haus gehe. Dort ertrage ich Inges erschrockenes Gesicht, als ihr Blick auf meine Wange fällt. Die ist vom Schlag aufgeplatzt und geschwollen. Inge schmiert Jodtinktur auf die Wunde. Aber sie sagt nichts. Ich bin froh darüber, denn ich weiß, dass ich weinen müsste, wenn jetzt ein nettes Wort fällt. Und weinen will ich auf keinen Fall! Nicht vor diesem Fiesling Henning, der schmollend und wütend mit der Welt am Esstisch sitzt und ungeduldig auf das Abendbrot wartet.

Der Entschluss

Meine Wange ist am nächsten Tag noch dicker angeschwollen. Ich sehe wie ein halbgesichtiger Hamster aus. Als Risto mich sieht, fragt er: »Was ist denn mit dir passiert?«
»Bin gefallen«, antworte ich. Ich will nicht, dass Henning so eine Macht über mich hat. Dass er mich einfach so schlagen kann.
Aber ich sehe in Ristos Augen, dass er mir nicht glaubt. Wahrscheinlich hat er selbst schon zu viele solcher Ausreden erfunden. Auch die Lehrerin guckt skeptisch, als ich ihr meine Geschichte auftische.
»Matti, auch in Schweden haben Kinder Rechte«, sagt sie mir leise. »Und es gibt verschiedene Stellen, wo sie Hilfe bekommen können.«
Ich nicke, sage aber nichts. Auch nicht, als sie mir später einen Zettel mit ihrer Telefonnummer zuschiebt. Für Notfälle.
Ich spüre die Blicke der anderen auf mir und auf einmal fühlt es sich an, als hätte ich viel mehr Körper als je zuvor. Als wären all meine Gedanken gar nicht mehr wichtig, sondern nur noch dieser geschlagene Körper mit der angeschwollenen, hässlichen dicken Backe. An der niemand mehr vorbeigucken kann.

Bei Henning und Inge auf dem Hof ist alles unverändert. Ich versuche, Henning aus dem Weg zu gehen. Aber das klappt nicht besonders gut. Und auch, dass Inge mit Henning schmollt, ist keine Hilfe.
»Dann geh ich jetzt halt in die Kneipe«, sagt Henning nach einem besonders stillen Abendessen.
Deutlich sehe ich die Angst in Inges Augen aufblitzen und erinnere mich an all die Säufer, die mir auf Helsinkis Straßen begegnet sind. Die netten, lustigen und die wütenden, die am liebsten alles und jeden geschlagen hätten.

Es dauert nicht lange, bis ich herausfinde, von welcher Sorte Henning ist. Ich habe es endlich geschafft einzuschlafen, als ich von einem wilden Gerüttel wachwerde. Es ist Henning, der mich am Kragen gepackt hat und mein Gesicht ganz nah an seins zieht.

»Du wirst schon noch lernen, dass du hier nur arbeiten sollst. Du wirst nie unser Sohn«, zischt er mir ins Gesicht.
Ich kann seinen Branntweinatem riechen und in mir ist nur Angst.
Der erste Schlag trifft mich in den Bauch, der zweite auf das Auge. Ich rolle mich zusammen wie ein Ball, überlege panisch, wie ich an Henning vorbeikomme. Aber ich finde keinen Ausweg. Henning holt zum dritten Schlag aus, da steht Inge auf einmal im Zimmer.
»Henning, bitte. Das gibt doch nur Schwierigkeiten«, sagt sie leise.
Sie redet immer weiter auf ihn ein. Leise, bestimmt und beruhigend. Fast klingt es so, als wäre er zurecht aufgeregt.
Irgendwann lässt Henning seine Faust sinken. Er murrt noch ein bisschen und flucht weiter, als Inge ihn an die Hand nimmt und in ihr Schlafzimmer führt.
Ich lausche mit angehaltenem Atem, bis ich endlich Hennings Schnarchen höre. Mein Magen brennt, mein Auge ist zugeschwollen und ich kann nicht mehr. Ich warte, bis ich ganz sicher bin, dass auch Inge nicht wieder herunterkommen wird, um nach mir zu sehen. Wahrscheinlich hat sie zu viel Angst, Henning wieder zu wecken. Dass sie schläft, kann ich mir nicht vorstellen. Neben so einem würde ich jedenfalls nie schlafen!
Ich stehe auf, so leise ich kann. Ziehe mich an, packe mein kleines Bündel, stibitze mir aus der Küche noch ein wenig Brot und einen Apfel und gehe hinaus.
Es wird Zeit, dass ich Sanna suche!

Am Fenster

Risto war jetzt schon mehrfach in der Stadt. Er erinnert sich vielleicht an den Weg. Ich weiß nur noch die grobe Richtung. Also beschließe ich, erstmal zu Risto zu laufen. Die Schule liegt ohnehin in der Richtung, in der ich Stockholm vermute. Und von dort aus hat Risto mir gesagt, wie ich zu ihm komme. Also ist es hoffentlich kein zu großer Umweg.

Bei Nacht sehen die Feldwege auf einmal ganz anders aus. Nicht mehr so hell und freundlich. Der Mond und die Sterne scheinen gerade so hell, dass ich den Wegrand erkennen und mich an ihm orientieren kann. Immer wieder leuchten auf einmal Augen im Dunkeln auf und starren mich an. Ich würde am liebsten losrennen, aber ich weiß nicht, ob das hilft. Ich beschließe, einfach so zu tun, als sei alles normal und ich hätte keine Angst. So haben Erkki, Ilkka und ich es auch immer gemacht, wenn wir größeren Jungs auf der Straße begegnet sind, die uns ärgern wollten. Meistens hat das geklappt.

Ich brauche ein bisschen, um zu merken, dass der flache Atem, das keuchende Geräusch von mir selbst kommt. Ich bin wohl doch aufgeregter als ich dachte. Ich gebe mir Mühe, ganz konzentriert und ruhig im Takt meiner Schritte zu atmen. Aber die ganze Zeit spüre ich, wie mein Herz rast. Ob es hier in Schweden noch Wölfe gibt? Oder sogar noch Schlimmeres? Papa hat mal erzählt, dass sein Onkel Tuomas oben im Norden Finnlands von einem Bären angefallen wurde. Mama hat ihm sofort gesagt, er solle aufhören. Aber ich muss trotzdem oft daran denken. Onkel Tuomas, wie er blutend auf dem Boden liegt. Gibt es hier Bären? So anders sind Finnland und Schweden doch nicht, oder?

Ich versuche ganz fest an den Satz zu denken, den Mama mir gesagt hat, als sie merkte, dass ich Angst hatte: »Matti, hier in Helsinki gibt es ganz bestimmt keine Bären. Dir kann also nichts passieren.«

Dann gilt das für Stockholm bestimmt auch! Aber für die umliegenden Gebiete?

Ich gehe doch ein kleines, ein ganz kleines bisschen schneller. So als hätte ich es eilig, nicht als hätte ich Angst. Denn Angst darf man nicht zeigen, wenn man glaubt, dass wilde Wölfe oder Bären einen fressen können. Das riechen sie und fressen einen erst recht! Das hat jedenfalls Erkki immer erzählt. Ich gebe mir also Mühe, mutig zu riechen. Auch wenn ich nicht weiß, ob das überhaupt geht. Und Angst zeigen hin oder her: Beeilen muss ich mich doch. Falls Henning aufwacht, soll er mich nicht einholen können!

Als ich endlich den Schulhof erreiche, atme ich erleichtert aus. Hier ist alles still, auch in der Wohnung der Lehrerin brennt kein Licht. Das ist gut, denn so kann ich mich kurz auf die Schultreppe setzen und ein bisschen ausruhen.

Als ich wieder ruhig atme, sage ich mir selbst: Matti, sei kein Feigling. Das hier ist nur das Landleben, in der Stadt hast du schon viel gefährlichere Sachen gemacht. Dann laufe ich wieder los.

Bis zu Risto ist es nicht weit und er hat mir den Weg so gut beschrieben, dass ich ihn schnell finde. Ich weiß, dass Sari und er im Erdgeschoss wohnen. Aber in welchem Zimmer, das kann ich natürlich nicht wissen. Ich pirsche mich vorsichtig heran. Die Fenster sind so hoch, dass ich mich auf die Zehenspitzen stellen muss, um hinein zu gucken. Ich fange mit dem ersten Fenster links von der Haustür an. Vielleicht habe ich ja direkt Glück?

Kaum habe ich meine Hände auf das Fensterbrett gelegt und mich ein bisschen hochgezogen, um noch besser hineinschauen zu können, schlägt ein Hund an. Ich zucke so heftig zusammen, dass meine Hände vom Fensterbrett abrutschen. Ich strauchle vom Fenster weg, dann mache ich mich ganz klein und rücke näher an die Hauswand. Vielleicht entdeckt mich ja so keiner, falls sie gucken kommen.

In dem Zimmer lagen jedenfalls keine Kinder. Nur ein riesengroßer Hund. Ich bin dankbar, dass der im Haus schläft, sonst hätte er bestimmt schon nach mir geschnappt.

»Ich tu dir ja nichts und ich klau auch nichts«, flüstere ich immer wieder. Vielleicht kann der Hund mich ja durch die Wand hören.

Irgendwann beruhigt er sich. Jetzt ist nur noch die Frage, ob die Familie aufgewacht ist und gucken kommt. Ich versuche, ganz langsam zu atmen und zähle bis zwanzig. Als dann immer noch kein Licht angegangen ist, gehe ich weiter zum nächsten Fenster. Mein Herz pocht immer noch und

ich muss fürchterlich aufs Klo. Aber ich kann jetzt wohl schlecht hier in den Vorgarten pinkeln. Wenn sie mich dabei erwischen, wären sie bestimmt noch wütender als ohnehin schon.
Es dauert noch drei Fenster, dann habe ich Risto gefunden. Vorsichtig klopfe ich gegen die Scheibe. Risto sitzt sofort senkrecht im Bett und guckt sich alarmiert um. Ich versuche mich groß genug zu machen, dass er mein Gesicht durch die Scheibe sieht. Das klappt nur so halb, aber scheinbar haben ihm Haare und Augen auch gereicht. Jedenfalls lächelt er erstaunt und kommt ans Fenster.
»Was machst du denn hier?«

Zimtschnecken

Dann sieht Risto mein Gesicht. Das Blut. Seine Augen weiten sich vor Schreck. »War das der Bauer?«, fragt er.
Ich nicke. Jetzt brauche ich auch nichts mehr zu leugnen.
»Ich haue ab. Ich gehe los und suche Sanna. Und dann nehme ich sie mit und wir gehen zurück nach Finnland.«
»Aber deine Mama hat dich doch hierher geschickt«, sagt Risto.
»Ja, aber da wusste sie ja auch noch nicht, dass wir hier geschlagen werden.«
»Aber es schlagen doch nicht alle«, sagt Risto. Er ist richtig aufgebracht.
»Willst du nicht einfach reinkommen und hier schlafen? Morgen reden wir dann mit Sören und Pernilla. Die können bestimmt helfen.«
»Jaja, dann reden die mit dem Bauern und der sagt, er macht nichts mehr und ich muss wieder dahin zurück. Ich will nie wieder da hin!«
Ich bin so wütend, dass ich am liebsten gegen die Hauswand treten würde und muss mir furchtbare Mühe geben, nicht laut zu werden.
»Ich bin nur hergekommen, damit du mir den Weg nach Stockholm erklärst. Wenn du ihn nicht weißt, dann gehe ich halt auf gut Glück los«, murre ich etwas leiser weiter.
Risto nickt. »Hast du wenigstens genug Proviant dabei?«
»Ein bisschen Brot und Äpfel«, sage ich.
»Warte hier«, meint Risto.
Er verschwindet für ein paar Minuten, dann kommt er wieder. In der Hand hält er ein kleines Bündel.
»Pernilla backt die besten Zimtschnecken der Welt«, sagt er. »Ich habe dir zwei eingepackt. Und jetzt«, dabei greift er nach einem Zettel und einem Stift, »male ich dir auf, wie du nach Stockholm kommst.«
Ich warte und will ihn nicht zu sehr drängeln, aber ich habe Angst. Wenn Henning wach wird und sieht, dass ich weg bin, sucht er womöglich nach mir. Ich will dann schon weit weg sein und nicht hier unter einer Fensterbank stehen, als wäre ich kein bisschen in Eile!
»Jetzt mach schon«, flüstere ich, als Risto immer länger braucht.
»Jaja. Aber willst du es dir nicht noch einmal überlegen?«
Risto zeichnet, die Zunge im Mundwinkel.

»Nein, ich will jetzt los, Mann.«
Risto guckt mich ein letztes Mal an und ich merke, dass er sich erst jetzt entscheidet, mich wirklich gehen zu lassen und seine neuen Pflegeeltern nicht zu wecken.
»Ich schreibe dir hier unsere Adresse auf. Komm wieder her, wenn du Hilfe brauchst. Ich garantiere dir, dass Sören und Pernilla dir helfen!«
Ich nicke und greife nach den Zimtschnecken und dem Notizzettel.
»Danke für alles!«
»Viel Glück!«

Ich sehe zu, dass ich so schnell wie möglich vom Hof wegkomme, damit der Hund nicht vielleicht doch noch auf die Idee kommt, mich wieder anzukläffen. Ristos Karte studiere ich im Laufen. Die ist gut gezeichnet. Eigentlich geht es immer geradeaus, aber den ersten Abzweig hätte ich bestimmt verpasst. Danach soll Stockholm laut Ristos Karte ausgeschildert sein.
Auch wenn es immer noch dunkel ist, und mittlerweile auch ein bisschen kalt, fühle ich mich jetzt besser. Risto weiß, wo ich bin und ich bin mir sicher, dass er nach mir suchen würde, wenn er länger nichts von mir hört.
Ich krame eine Zimtschnecke aus dem kleinen Beutel, den er mir mitgegeben hat. Nach all dem Schreck ist so etwas Süßes bestimmt gut.
Und Risto hat Recht: Pernilla backt wirklich die besten Zimtschnecken.
Mein Bauch tut weh, da wo Henning mich erwischt hat und auch das Kauen ist nicht besonders angenehm. Aber trotzdem fühle ich mich wohl.
Endlich mache ich einfach, was ich will!
Ich gucke nach vorne auf die Straße und denke an Sanna und wie sie sich freuen wird, mich wiederzusehen. Der Gedanke daran macht mich richtig, richtig froh. Ich gehe ein bisschen schneller. – Dieses Mal nicht, weil ich mich fürchte, sondern weil ich den Moment, in dem ich Sanna wiedersehe, kaum abwarten kann.
Ich wandere die ganze Nacht durch. Doch als es langsam beginnt zu dämmern, werde ich unsicher. Soll ich weiterlaufen oder lieber Schutz suchen und ein bisschen schlafen? Ich bin hundemüde. Und jetzt, wo es hell ist, kann Henning mich in Nullkommanichts einholen, wenn er nur will. Aber will er wohl? Vielleicht Inge zuliebe.

Als ich am Wegrand eine alte Scheune auf einer Kuhweide stehen sehe, sagt mir mein Bauchgefühl sofort, dass ich mich da prima verstecken kann. Ich laufe zur Tür. Sie ist offen. Oben auf dem Heuboden ist es gemütlich und warm. – Ich habe mich kaum hingelegt, da bin ich auch schon eingeschlafen.

Erwischt

»He, Leif, schau mal, wir haben Besuch!«

Ich schrecke hoch. Was war das? Wo bin ich?

Ich brauche ein paar Sekunden, um mich zu erinnern. Der alte einsame Heuschober. Aber so einsam scheint er doch nicht zu sein, denn vor mir steht ein großer, breiter Mann und schaut auf mich herunter. Seine Kleidung hat einen wohlbekannten Geruch: Kuhstall.

Ich würde am liebsten Heulen! Was, wenn der Mann Henning kennt? Was, wenn sie schon wissen, dass ich fehle und mich in Windeseile zurückschicken?

Ich gucke zur Leiter. Schaffe ich es wohl, an dem Typen vorbeizukommen? Aber der hat meinen Blick gesehen.

»Hey, hey«, sagt er. »Beruhig dich mal. Dich wird hier keiner fressen. Und wenn du wegläufst, schnappen wir dich eh. Die Hausherrin entscheidet hier nämlich, was mit Stromern passiert.«

Das klingt alles furchtbar bedrohlich, aber irgendwie lässt meine Angst trotzdem nach. Die blauen Augen des Mannes blitzen so freundlich.

Jetzt ist auch ein zweiter, weniger großer und breiter Mann auf dem Heuboden angekommen. Als er in das Licht tritt, das durch eine der Ritzen in der Holzwand fällt, sehe ich, dass er eigentlich noch ein Junge ist.

»So, so, ein blinder Passagier«, sagt Leif. »Tja, den bringe ich dann mal zu Solveig, was?«

Der andere nickt. Er hilft mir aufzustehen, drückt mir mein Bündel in die Hände und klopft mir freundschaftlich auf die Schulter, sagt aber nichts. Dafür plappert Leif umso mehr. Er spricht so schnell, dass ich nur die Hälfte verstehe. Dabei hatte ich gedacht, mein Schwedisch sei schon ziemlich gut geworden in den letzten Wochen. Das, was ich verstehe, klingt aber so, als würde er mir vom guten Wetter und seinen Kühen erzählen, die er dieses Jahr zum ersten Mal alleine auf die Weide bringen und wieder zurückholen darf. Ich gucke ihn unauffällig von der Seite an. Auf so was kann man also stolz sein?

Leif wirkt eigentlich ziemlich nett. Blonder Strubbelkopf, eine zu kurze, furchtbar schmutzige Hose und, seit er auf dem Heuboden war, einen

langen getrockneten Grashalm zwischen den Zähnen. Es sieht jedenfalls so aus, als hätte er sich im Leben noch nie Sorgen machen müssen.
Die Weide liegt an einem kleinen Hügel und als wir dessen Kamm erklommen haben, kann ich auch das kleine Bauernhäuschen sehen. Es ist wirklich winzig im Vergleich zu dem von Henning und Inge. Hoffentlich fällt mir von da eine schnelle Möglichkeit ein zu verschwinden.
Am Haus angekommen, klopft Leif mit festem Schlag an die Tür, dann stößt er sie auf und schiebt mich hinein.
»Solveig«, ruft er. »Thore und ich haben auf dem Heuboden einen Gast gefunden.«
Solveig kommt aus der Küche. Sie hat lange, geflochtene Zöpfe, die sie zu Kringeln hochgesteckt hat. Wie Zimtschnecken am Kopf. Klein und rund ist sie. Ganz anders als Leif und Thore. Aber ihre Augen blicken ebenso freundlich.
»Na sowas«, sagt sie. »Ich bin Solveig.«
Dabei reicht sie mir die Hand, die sie gerade an ihrer Schürze abgewischt hat.
»Matti«, sage ich leise und würde mir am liebsten auf die Zunge beißen. Ich wollte doch einen anderen Namen nehmen! Wie konnte ich das vergessen?
Solveig lächelt mich an. »Na, dann komm mal mit.«
Vorsichtig folge ich ihr. Als ich mich umschaue, merke ich, dass Leif verschwunden ist. Und wenn ich mich jetzt einfach umdrehe und wegrenne?
»Bevor du wegrennst, kannst du wenigstens noch ein Glas Milch trinken«, höre ich da Solveig sagen. Sie steht schon in der kleinen Küche. »Und vielleicht lässt du mich ein bisschen die Wunde in deinem Gesicht verarzten? Die sieht nämlich so aus, als hätte sie sich entzündet.«
Ich nicke. Das Gesicht tut wirklich ziemlich weh. Und wenn Solveig mir helfen kann, dass ich nicht wie ein Monster aussehe, wenn ich Sanna treffe, dann ist das vielleicht eine gute Idee.
»Guck mal, hier ist ein Waschbecken, da kannst du dir wenigstens mal Hände und Gesicht waschen.«
Ich befolge ihre Anweisung. Über dem Waschbecken hängt ein kleiner Spiegel und ich zucke richtig zusammen, als ich mich da sehe. Die Wange

sieht furchtbar aus. In meinen Haaren hängt Heu und ich habe Dreck überall. Schnell ziehe ich mein Hemd aus und fange an mich zu waschen. Nach einer Weile klopft Solveig an die Tür. »Darf ich reinkommen?«
»Ja.«
»Guck mal, du kannst diese alten Sachen von Leif anziehen, dann wasche ich deine Hose und dein Hemd schnell und sobald die wieder trocken sind, ziehst du weiter.«
Ich würde gerne widersprechen, aber da hat sie mir das Hemd schon langsam, aber bestimmt aus der Hand genommen und ist damit rausgegangen. Solveig mag klein sein, aber sie weiß genau, was sie will. Fast so genau wie meine Mama. Beim Gedanken an sie fährt mir ein Stich durch das Herz. Mittlerweile bin ich nicht mehr wütend, sondern nur noch traurig. Traurig, dass Mama auf die Nachbarinnen mehr gehört hat als auf mich.

In Leifs Hose und Hemd gehe ich fast unter, aber wenigstens habe ich etwas an, das nicht stinkt. Ich gebe Solveig auch meine Hose und die Strümpfe und sie wäscht alles zusammen mit dem Hemd durch, während sie mir bedeutet, am Küchentisch Platz zu nehmen.
Da sitze ich also und warte auf mein Urteil, während Solveig meine Wäsche draußen zum Trocknen aufhängt. Ich fühle mich wie gelähmt. Selbst wenn Henning jetzt käme, könnte ich nicht weglaufen. Es ist, als hätte ich keine Energie mehr.

Nach Stockholm

Solveig kommt wieder herein und greift zu einer Flasche, die sie schon auf dem Tisch bereitgestellt hat. Jodtinktur. Sie behandelt die Wunde mit der Tinktur und einem kleinen Lappen. Es brennt höllisch, aber ich versuche, nicht zu weinen oder zu jammern. Stattdessen beiße ich ganz fest die Zähne zusammen.

»So, jetzt heilt es hoffentlich. Aber eine Narbe wird das geben«, sagt sie. Dann geht sie und holt mir das versprochene Glas Milch und legt ein Hefebrötchen mit Marmelade dazu.

»Und jetzt erzähl mal, Matti. Wohin bist du denn unterwegs?«

»Stockholm«, murmele ich.

»Stockholm, so so. Da trifft es sich aber gut, dass Thore und ich morgen ohnehin auf den Markt wollen. Da können wir dich mitnehmen.«

Ich gucke auf und sehe in ihr rundes Gesicht. Voller Lachfältchen ist es und kleine Grübchen hat sie auch, wenn sie lächelt.

»Wenn du mir allerdings erzählen würdest, was du in Stockholm willst, dann würde es mir besser dabei gehen.«

Ich sehe die echte Sorge in ihren Augen und muss wieder an Mama denken und da fange ich doch an zu weinen. Ich weine und weine und weine, wie ich es schon seit Ewigkeiten nicht mehr gemacht habe. All die Sorge um Sanna, all die Wut auf Mama, all der Zorn wegen Henning und die Enttäuschung, dass Inge mich nicht beschützt hat. Alles, alles kommt jetzt heraus.

Solveig steht auf, zieht ihren Stuhl neben mich und legt mir den Arm um die Schultern. Sonst macht sie nichts. Sie wartet einfach, bis ich mich ausgeweint habe. Obwohl das lange dauert.

Dann hält sie mir ein Taschentuch hin.

»Und jetzt von Anfang an«, fordert sie mich auf, nachdem ich mich ordentlich geschnäuzt habe.

Ich habe das Gefühl, dass ich nicht mehr zurück kann und dass jetzt eh alles zu spät ist. Also berichte ich. Zwischendurch zieht Solveig die Luft ein, oder sie nickt traurig. Manchmal muss sie auch lachen, vor allem, als ich von Risto erzähle. Aber die ganze Zeit über hält sie mich fest und ich

fühle mich sicher und geborgen und es ist mir gar nicht mehr peinlich, dass ich so doll weinen musste und mein Taschentuch klatschnass von Schnodder ist.
»Also gut«, sagt Solveig als ich endlich fertig bin. »Wir machen es so: Heute bleibst du erstmal hier. Und morgen nehmen wir dich mit nach Stockholm. Aber ich würde gerne mit dir zu deiner Sanna fahren und dann besprechen wir dort alles Weitere. Ist das in Ordnung? Und Inge und deine Lehrerin würde ich auch gerne anrufen.«
Das alles sagt sie so, dass ich ohnehin nicht widersprechen kann. Und das will ich auch gar nicht. Ich will hier für immer in Solveigs Arm sitzen und mir keine Sorgen mehr machen müssen, weil sie alles im Griff hat.
Aber leider steht sie schon bald auf. Sie hat ja genug zu tun. Sie läuft zum Telefon und macht die Anrufe. Ich kann hören, wie sie mit Inge spricht.
»Hören Sie, der Junge hat gelitten bei Ihnen, das hilft doch alles nichts«, sagt sie.
Was Inge antwortet, kann ich nicht hören.
»Ich melde mich morgen wieder bei Ihnen«, beendet Solveig das Gespräch.
Als sie zurück in die Küche kommt, habe ich mein Hefebrötchen aufgegessen und auch das Milchglas ist leer.
»Na, deinem Appetit hat es jedenfalls nicht geschadet«, sagt Solveig mit tiefen Lachfältchen um die Augen.
Ich schüttle den Kopf, dann frage ich: »Darf ich raus und Thore und Leif helfen?«
»Aber die sind bei den Kühen, die magst du doch nicht«, meint Solveig überrascht.
»Doch, schon. Nur das viele Arbeiten …«
Ich gucke verlegen. Solveig soll nicht denken, dass ich faul bin.
»Na, dann mal los mit dir!«

Ich helfe Leif und Thore den ganzen Tag und es macht richtig Spaß. Weil die beiden so lustig sind und weil es ihnen selbst Spaß macht. Fast ist es, wie zusammen mit Sture, wenn Henning nicht da war. Bloß dass man bei Henning ja immer Angst haben musste, dass er auf einmal wieder auftaucht.

Abends erzählt Solveig mir noch eine Geschichte und ich darf auf der Küchenbank schlafen, die sie mir als Bett zurechtgemacht hat. Obwohl bei Inge und Henning alles viel größer ist, ist es hier gemütlicher. Ich fühle mich beschützt und geborgen. Solveig wird auf mich aufpassen, so viel ist sicher. Niemals würde sie erlauben, dass so einer wie Henning mich schlägt! Zum ersten Mal seit langem schlafe ich sofort ein mit einem Lächeln auf den Lippen und einem Vorfreudekribbeln im Bauch: Morgen werde ich Sanna sehen!

Vor der Tür

Ich werde davon wach, wie Solveig in der Küche mit den Töpfen klappert und bin sofort auf den Beinen.
Sie lacht. »Bleib ruhig noch liegen, Junge. Es dauert, bis das Frühstück fertig ist.«
Aber ich bin zu aufgeregt. Heute fahren wir in die Stadt! Heute werde ich Sanna endlich wiedersehen! Es ist jetzt schon fast einen Monat her, seit wir getrennt wurden.
»Kann ich was helfen?«, frage ich.
»Zieh du dich erstmal an«, sagt Solveig und ihre Augen funkeln wieder. »Ich habe dir deine Hose und dein Hemd schon hingelegt.«
Schnell gehe ich in das kleine Badezimmer und wasche mich so gut ich kann. Wenn ich Sanna treffe, will ich ordentlich aussehen. Vor allem, damit ihre Pflegeeltern nicht schlecht über mich denken.
Meine Wange ist allerdings immer noch ganz schön geschwollen, da hilft alles Waschen nichts. Wenn ich ganz ehrlich bin, sehe ich aus wie ein Straßenkind. Und irgendwie bin ich das ja auch. Jedenfalls bin ich nicht zuhause. Auch wenn es sich hier bei Solveig, Thore und Leif schon mehr danach anfühlt. Dabei ist alles ganz anders als in Helsinki. Ich vermisse die vielen Häuser und das Klappern der Straßenbahn. Aber wenn ich schon auf dem Land wohnen muss, dann doch eher hier.
Als ich aus dem Bad komme, sitzen Leif und Thore schon am Frühstückstisch, vor sich je einen Teller voll dampfenden Haferbreis mit Marmelade.
»Hier, komm und setz dich«, sagt Thore und haut mit der flachen Hand auf den Hocker neben sich. Dann füllt er mir auch etwas auf und ich esse. Eigentlich habe ich überhaupt keinen Appetit, aber ich will Solveig und die anderen auch nicht enttäuschen. Also löffle ich den Brei so gut ich kann.
»Unser kleiner Gast will bald mal los«, sagt Thore schmunzelnd zu Solveig.
»Ja, ich glaube auch«, antwortet die.
Erst da merke ich, dass ich die ganze Zeit mit den Beinen gewackelt habe. Ich höre sofort damit auf.
»Tut mir leid«, murmele ich.

»Das ist schon in Ordnung«, sagt Thore. »Wir müssen auch wirklich bald los, sonst ist das beste Vieh schon verkauft, bevor wir überhaupt angekommen sind.«
Und damit zwinkert er Solveig zu.

Wenig später sitzen wir alle auf einer kleinen Kutsche, die von einem stämmigen braunen Pferd gezogen wird. Das ist Karlchen. Ich habe ihn gestern schon beim Füttern kennengelernt. Karlchen trabt gelassen die Straßen entlang. Und wenn Thore findet, dass er jetzt mal ein bisschen ausruhen muss, geht es im Schritt weiter.
In mir brodelt alles. Was soll ich nur sagen, wenn Sannas Pflegeeltern an der Tür erscheinen? Und fahren wir wohl erst zum Viehmarkt, damit Thore nicht die besten Tiere verpasst?
Als wir endlich Stockholm erreichen, bin ich so angespannt, dass ich kaum noch atmen kann. Ich sitze zwischen Solveig und Thore auf dem Kutschbock und Solveig legt mir beruhigend den Arm um die Schulter.
Obwohl ich so aufgeregt bin, bin ich auch froh, endlich wieder in der Stadt zu sein. Hier riecht es ganz anders als auf dem Land. Nach Hektik und Betriebsamkeit, nach Staub und den Bremsen der Straßenbahnen. Und nach Wasser. Auch wenn Stockholm nicht so direkt ans Meer grenzt wie Helsinki, kann ich hier doch Wasser sehen und das fühlt sich gleich nach Freiheit an. Soll ich mir Sanna schnappen und wir schlagen uns zum Hafen durch, klettern auf ein Schiff und fahren als blinde Passagiere mit? Zurück nach Finnland?
Aber Risto hat schon recht: Mama hat uns ja weggeschickt. Ich habe keine Ahnung, wie sie reagieren würde, wenn wir plötzlich wieder vor der Tür stünden.
Ich versuche mir gerade auszumalen, was sie wohl sagen würde, da löst Solveig ihren Arm von meiner Schulter.
»Wir sind da«, sagt sie. »Ist es in Ordnung für dich, wenn ich mitkomme?«
Ich fühle mich auf einmal ganz leicht. Ich bin so dankbar, dass ich nicht weiß, was ich sagen soll. Also nicke ich einfach und Solveig lächelt.
»Also los, du bester großer Bruder!«
Ich stehe vor der kleinen Treppe, die zum Hauseingang hochführt. Gucke

die Stufen an und weiß nicht weiter. Irgendwie kann ich meine Füße nicht heben. Es dreht sich alles und gleichzeitig scheint die Zeit stehengeblieben zu sein.
Solveig greift nach meiner Hand und nickt mir zu.
Sie nimmt die erste Stufe und vorsichtig folge ich ihr. So als könnte die Treppe unter mir zusammenbrechen. Tut sie aber nicht. Stattdessen gehen wir nach und nach die Treppen rauf. Dann stehen wir ganz oben. Solveig nickt mir noch einmal aufmunternd zu und ich klingele.

Jede Menge Papier

Es fühlt sich an, wie eine Ewigkeit. Aber dann geht die Tür auf. Da steht die Frau, die mir Sanna weggenommen hat. Aber sie scheint mich nicht wiederzuerkennen. Überhaupt guckt sie nur Solveig an. Die stellt sich vor und beginnt zu erklären, da rennt Sanna mich auf einmal fast um und schreit dabei laut »Mattiiiiiiiii!«

Ich nehme sie ganz fest in den Arm. Sie riecht ein bisschen anders als früher. Bestimmt benutzen sie hier andere Seife. Aber sie sieht gut aus. Gut und gesund und in einem schicken Kleidchen.

»Wo warst du?«, fragt Sanna.

»Ich musste noch etwas erledigen, weißt du«, sage ich.

»Gut, dass du da bist«, sagt Sanna und zieht mich einfach ins Haus. An der Frau vorbei, die uns mit offenem Mund anguckt. Sie scheint nicht böse zu sein. Aber sie freut sich auch nicht gerade.

In mir dagegen dreht sich alles im Kreis. Ich habe ein bisschen gebraucht, aber jetzt merke ich, dass Sanna gar nicht finnisch mit mir spricht. Sie spricht schwedisch.

Sanna zieht mich in ihr Zimmer. Sie hat nämlich ein richtiges, eigenes Zimmer. Und alles steht voll mit Spielzeug.

»Wie geht es dir?«, frage ich sie auf Finnisch und versuche ganz langsam zu sprechen, damit sie merkt, dass es Finnisch ist.

Aber Sanna scheint das nicht zu stören. Sie antwortet wieder auf Schwedisch.

»Guck mal, was ich für eine tolle Puppe habe«, ruft sie und führt mir die Puppe vor. Braune Locken hat die und sieht so sauber und ordentlich aus, als dürfte man sie eigentlich nicht anfassen. Bei uns zuhause in Helsinki wäre diese Puppe jedenfalls schon ziemlich ramponiert gewesen.

Auf einmal fühle ich mich ganz leergepumpt und müde. Ich lasse mich auf den Boden plumpsen. Da sitze ich nun, den Kopf auf die Hand gestützt und gucke mir das Kinderzimmer meiner kleinen Schwester an. Was kann ich ihr im Vergleich dazu bieten? Ich habe es ja noch nicht einmal geschafft, auf sie aufzupassen!

Sanna krabbelt auf meinen Schoß und kuschelt sich ganz eng an mich.

Dann fragt sie leise auf Finnisch:
»Wo ist Mama?«
»Zuhause«, antworte ich und muss mir Mühe geben, nicht zu weinen.
»Zuhause.«
Und dabei streichle ich Sanna über den Kopf.
Wir sitzen so lange da, dass wir irgendwann einschlafen. Ich fühle mich so ruhig, wie seit einem Monat nicht mehr. Für die Angst, was nun folgen kann, habe ich keine Kraft mehr.

Zuhause

Irgendwann kommt ein Hausmädchen herein. Sie trägt so eine merkwürdige Uniform und weckt mich, indem sie mich sanft an der Schulter berührt. Sofort schrecke ich auf, beruhige mich aber wieder. Sanna liegt in meinen Armen und schläft. Sie sieht aus wie ein kleiner Engel in ihrem sauberen Kleidchen. Ich glaube auch, sie hat ein bisschen zugenommen, seit sie hier ist. In mir drin ist so ein schlimmes Ziehen. Am liebsten würde ich Sanna nie mehr loslassen. Aber jetzt wird auch sie wach und ich weiß, dass wir zu den Erwachsenen müssen. Zu den Erwachsenen, die darüber entscheiden, wie es nun mit uns weitergeht.

Das Hausmädchen bringt Sanna und mich in das Wohnzimmer, wo Solveig und Sannas Pflegemutter an einem Tisch sitzen, zwischen sich eine große Kaffeekanne und herrlich duftende Kekse. Das Zimmer ist so groß wie unsere ganze Wohnung in Helsinki. Es riecht nach Holz und altem Leder, wahrscheinlich von den vielen Büchern, die in den Regalen stehen. Ich komme aus dem Staunen erst gar nicht heraus, aber dann räuspert Solveig sich und ich gucke schnell zu ihr hin.

»Matti, es ist nach wie vor so, dass Familie Engerlund dich nicht hier aufnehmen kann.«

Ich kann Solveig ansehen, dass sie das für genau so viel Quatsch hält wie ich. Dieses Haus ist riesig!

»Aber wir haben ausgemacht, dass du Sanna einmal in der Woche besuchen darfst. Und im Sommer kann sie auch mal auf unseren Hof kommen.«

Es dauert mindestens zwei Sekunden, bis ich begreife.

»Dann … darf ich bei euch bleiben?«

Solveig lacht. »Ja, was hast du denn gedacht? Thore und Leif machen mich einen Kopf kürzer, wenn ich einen solchen Prachtkerl wie dich einfach vor die Tür setze.«

Auf einmal rutscht alles in mir an seinen Platz. Klar, ich werde Sanna vermissen. Aber ich weiß jetzt ja, wo sie ist, wie ihr Zimmer aussieht und dass sie mich nicht vergessen hat. Und dass sie ihr Finnisch nicht vergisst, dafür werde ich schon sorgen. Sich einmal die Woche zu sehen, ist besser als

keinmal. Und wenn ich bei Solveig und Thore und Leif wohne, dann kann ich sogar weiter mit Risto auf die gleiche Schule gehen!
Unter all meiner Erleichterung und Freude bleibt die Angst um Papa und das Vermissen von Helsinki und Erkki und Ilkka und die Enttäuschung über Mama. Aber das macht nichts.
»Ein bisschen traurig muss man immer sein«, sagt Papa oft und dann lacht er.

ZWEITER TEIL: SUOMI – FINNLAND

Zimtschneckenjahre

Wenn Risto und ich von der Schule nachhause laufen, trödeln wir meist noch ein ganz kleines bisschen. Wir kicken Steine mit anderen Kindern, die in unsere Richtung laufen. Oder wir balancieren auf Zäunen. Oder wir springen in Pfützen. Was uns halt gerade so einfällt. Nach und nach verabschieden sich die anderen dann und biegen ab. Ich habe den weitesten Weg. Aber das macht nichts. Es ist ein wunderbares Gefühl, die Landstraße zu Solveig und Thore und Leif zu laufen. Wenn ich ankomme, hat Solveig meist einen kleinen Happen für mich bereitgestellt. Die anderen haben dann schon gegessen. Am allerallerbesten ist es, wenn sie gerade frische Zimtschnecken gebacken hat. Dann duftet das ganze Haus danach und mir läuft das Wasser schon an der Tür im Mund zusammen.

Ich esse schnell und dann gehe ich raus – zu Thore und Leif, um ihnen ein bisschen im Stall zu helfen. Mittlerweile komme ich richtig gut mit den Tieren klar. Vor allem mit Karlchen. Ein paar Mal durfte ich schon auf ihm reiten. Ganz schön wacklig fühlt sich das an, aber auch echt toll. Letztes Mal, als wir zu Sanna in die Stadt gefahren sind, durfte ich Karlchen sogar lenken. Wobei man da gar nicht viel zu machen braucht. Mittlerweile sind wir die Strecke schon so oft gefahren, dass er die auswendig kann. Sanna freut sich jedes Mal riesig, uns zu sehen. Aber sie spricht immer weniger Finnisch, auch wenn sie mich schon noch versteht. Das habe ich Mama noch nicht geschrieben.

Überhaupt schreibe ich Mama auf meinen Postkarten kaum etwas Richtiges. Ich beschreibe nicht, wie lustig es ist, wenn Thore und Leif mit mir eine Heuschlacht machen. Oder wie gut Solveig vorlesen kann. Oder dass Risto mich zwar immer im Hundertmeterlauf schlägt, aber ich dafür der beste Elfmeterschütze der ganzen Schule bin. All das behalte ich für mich. – Weil ich irgendwie ein schlechtes Gewissen habe, dass es mir so gut geht, während Papa und sie es so schwer haben. Und dann bin ich sauer auf mich selbst, weil ich ein schlechtes Gewissen habe. Schließlich habe ich mir ja nicht ausgesucht, hier zu sein! Ich wäre liebend gerne in

Helsinki geblieben! In mir ist so ein Gefühlskuddelmuddel, wenn ich an Mama denke, dass ich selbst manchmal nicht mehr weiter weiß. Also denke ich einfach so wenig wie möglich an sie. Manchmal vergesse ich sogar ganze Tage lang, an sie zu denken. Aber dann kommt eine Postkarte von ihr und mit der Karte das schlechte Gewissen. Solveig legt mir immer gleich eine leere Karte dazu und eine Briefmarke, damit ich direkt zurückschreiben kann. Da ist sie sehr streng.

»Deine Mama macht schon genug mit, Matti, da soll sie sich nicht um ihre Kinder sorgen müssen«, sagt sie dann und streicht mir über den Kopf. Dann fühlt es sich so an, als würde Solveig alles verstehen, was mir durch den Kopf geht; und für einen winzigen Moment ist das ganze Chaos, das meinen Brustkorb fast zum Platzen bringt, wieder geordnet und alles wird leicht. Aber wenn ich mich dann mit meinem Stift an den Küchentisch setze, um die Karte zu schreiben, geht es wieder von vorne los: Ich sollte Mama schreiben, dass ich sie vermisse. Das tue ich auch. Aber gleichzeitig bin ich sauer. Immer noch. Schließlich hat Mama kein bisschen dazu beigetragen, dass es uns hier gut geht. Das waren Solveig und Thore, die uns aus dem Schlamassel gerettet haben! Also schreibe ich meistens so etwas:

»Liebe Mama. Hier ist alles gut. Sanna wächst jede Woche. Mit der Schule fahren wir bald zu einem Sportturnier. Ich denke an Papa und dich und hoffe, es geht euch gut. Viele Grüße auch von Solveig, Thore und Leif. Matti«

Nachhause?

Die Artikel über die Situation in Finnland lesen Solveig und ich immer zusammen. Sie hebt die entsprechenden Seiten der Zeitung für mich auf, bis ich aus der Schule komme. Zusammen mit den kleinen Comics auf der letzten Seite.

»DER KRIEG IST VORBEI« steht da am 14. März 1940. Auf einer Karte ist eingezeichnet, wie Finnlands neue Grenzen aussehen.

»All die armen Menschen, die ihr zuhause verloren haben«, seufzt Solveig und fährt mit dem Finger über den Teil, der jetzt zur Sowjetunion gehört. »Aber wenigstens haben sie euch nicht ganz überrannt.«

Ich nicke stumm. Die ganze Zeit habe ich auf diese Nachricht gewartet und gehofft. Gehofft, dass Papa nichts passiert und Mama auch nicht. Dass wir bald nachhause dürfen. Aber jetzt, wo der Krieg endlich vorbei ist, habe ich doch gemischte Gefühle. Gibt es unser Zuhause überhaupt noch? Mama hat auf einer ihrer Postkarten geschrieben, dass sie in ein kleineres Zimmer gezogen ist, weil sie die Miete nicht mehr zahlen konnte. Wie wird es werden, wenn Sanna und ich auch wieder da sind?

Solveig errät wie so oft meine Gedanken. »Bestimmt holen sie euch nicht sofort zurück. Du weißt doch, wie das mit den ganzen bürokratischen Hürden ist und bestimmt will deine Mutter erstmal eine neue Wohnung haben. Mach dir jedenfalls keine Sorgen: Bei uns bist du immer willkommen.«

Damit fährt sie mir übers Haar und macht sich dann wieder daran, Socken zu stopfen.

Am nächsten Tag in der Schule ist Risto noch bedrückter als ich. Kein Wunder: Er hat mir immer noch nicht offen alles erzählt, aber aus einigen seiner Bemerkungen habe ich doch ziemlich sicher geschlossen, dass sein Vater Sari und ihn oft verprügelt hat. So gut wie jetzt hat Risto jedenfalls nicht ausgesehen, als ich ihn auf dem Schiff das erste Mal gesehen habe. Darum überrascht es mich auch überhaupt nicht, als er auf dem Nachhauseweg wütend einen Stein von sich wegkickt und murmelt: »So einfach kriegen sie mich jedenfalls nicht zurück.«

Ich sage nichts, weil ich nicht glaube, dass er zu mir gesprochen hat. Aber ich bekomme ein noch schlechteres Gewissen: Im Gegensatz zu Risto hatte ich es immer gut zuhause. Sollte ich mich nicht wie verrückt darauf freuen, bald zurück zu können? Aber da ist etwas, was mir diese Freude vermiest. Ich bin einfach immer noch wütend auf Mama.
Ristos und meine Sorgen erweisen sich aber ohnehin bald als unbegründet. Es dauert noch ganze zwei Wochen, bis die nächste Postkarte von Mama kommt. Darin schreibt sie, dass Papa und sie erst einmal eine neue Wohnung suchen und bessere Arbeit finden wollen, bevor sie uns zurückholen. Aber sie warnt auch gleich, dass das lange dauern kann: Es müssen viele Wohnungen überhaupt erst gebaut werden, schließlich kommen nicht nur die Soldaten von der Front zurück. Auch die Menschen, die früher im finnischen Karelien gewohnt haben, brauchen neue Wohnungen und Häuser.
Am Anfang bin ich jeden Tag unruhig, wenn der Briefträger kommt. Aber mit den Monaten vergesse ich das: Es wird wohl wirklich noch dauern, bis Risto und Sari, Sanna und ich zurückfahren nach Finnland. Es gibt auch so viel wichtigeres zu Bedenken. Erst die Sommerferien und Ristos und meine Angelausflüge. Später Weihnachten und im Frühling das Einsäen. Auf dem Hof ist immer jede Menge zu tun.
Beim Anblick des großen amtlichen Briefumschlages denke ich daher auch erstmal nichts Böses. Bis Solveig sagt, dass es darin um mich geht. Mama und Papa haben beantragt, dass wir zurückgeschickt werden. In dem Brief vom Roten Kreuz steht, dass wir erst noch das Ende des Schuljahres abwarten sollen und dann wieder mit dem Schiff nach Finnland reisen. Alle nötigen Unterlagen sind dabei.
»Tja, Matti, jetzt ist es wohl so weit«, sagt Solveig und sieht dabei genauso traurig aus, wie ich mich fühle. Und mein altes schlechtes Gewissen kommt zurück.

Wochenlang überlegt Solveig immer wieder, welche Kleidung sie mir mitgeben will und was für Proviant. Welche Geschenke für meine Eltern und was sie meiner Mutter in den Brief schreiben will, den sie auch in den Koffer packen möchte. Ich dagegen versuche, so wenig wie möglich an unsere

Abreise zu denken. An all das Komplizierte in meinem Kopf. Und Risto schmiedet Pläne, wie er abhauen kann. Aber das sagt er nicht laut und ich frage ihn nicht danach.

Doch dann kommt wieder alles ganz anders: Eine Woche, bevor wir auf das Schiff gehen sollen, ist wieder Krieg zwischen Finnland und der Sowjetunion.

Ferien

»Hast du die Zeitung gesehen?« Risto rennt auf mich zu, als sei er vom wilden Affen gebissen. Er ist völlig aus dem Häuschen.
»Nein, heute Morgen noch nicht«, murmele ich.
Ich habe eigentlich keine Lust, mich zu unterhalten. Die ganze Nacht habe ich wachgelegen und mich auf meiner Küchenbank von einer Seite auf die andere gedreht. Immer wieder habe ich Mama und Papa vor Augen gehabt. Bestimmt ist Papa schon wieder los an die Front. Was ist, wenn ich ihn nie wiedersehe? Obwohl ich die ganze Zeit Angst davor hatte, nachhause zu fahren, und eigentlich irgendwie auch gerne hier geblieben wäre, bin ich jetzt furchtbar, furchtbar enttäuscht. Und ich habe noch mehr Angst als vorher. Um Papa, aber auch um Mama. Im Radio haben sie gestern gesagt, dass schon wieder Bomben fallen und dass die Kinder, die zurück nach Finnland gebracht wurden, wieder nach Schweden kommen sollen und dieses Mal wahrscheinlich noch mehr, die noch nie hier waren.
»Es ist Krieg«, sagt Risto und das klingt aus seinem Mund so, als wäre Jahrmarkt im Dorf. »Wir können hierbleiben.«
Risto strahlt mich an. Ich sehe sein glückliches, frohes Gesicht und in meinem Kopf wird alles schwarz. Im nächsten Moment liegen wir auf dem Boden und wälzen uns im Dreck, weil ich Risto mit all meiner Kraft umgeschubst habe.
»Matti, Risto, was soll das?«
Die Lehrerin kommt aus der Dorfschule gerannt. Wahrscheinlich wollte sie gerade gucken, wo wir bleiben. Ihre schrille Stimme reißt mich regelrecht auf die Füße. Auf einmal schäme ich mich für das, was ich gemacht habe. Ich weiß doch schließlich, warum Risto sich so freut. Er kann doch auch nichts dafür. Er hat den Krieg ja nicht angefangen!
»Wer von euch beiden hat angefangen?«, fragt die Lehrerin streng.
»Ich«, sage ich kleinlaut und gucke überrascht zu Risto, denn der sagt auch: »Ich.«
Die Lehrerin guckt stirnrunzelnd von ihm zu mir.
»Das war nur Spaß, Frau Niström, versprochen!«
Risto tastet sich vorsichtig an seine geschwollene Lippe.

Die Lehrerin seufzt. »Ich glaube euch kein Wort. Aber gut. Für jetzt lasse ich es euch durchgehen. Wenn ich aber noch einmal sehe, dass ihr euch prügelt, bekommt ihr Briefe mit nachhause und müsst nachsitzen.«
Risto und ich nicken mit gesenkten Köpfen.
»Klopft euch den Staub ab und dann kommt ins Klassenzimmer.«
»Es tut mir leid«, murmelt Risto, während er sich den Dreck von der Hose schlägt. »Ich hatte ganz vergessen, dass du ja furchtbare Angst um deinen Vater haben musst.«
»Mir tut es auch leid«, gebe ich zurück. »Ich verstehe ja, dass du nicht zurück nach Finnland willst.«
Wir lächeln uns kurz zu und gehen dann ins Klassenzimmer. Nicht mehr lange, dann sind Ferien. Ferien, für die wir eigentlich noch keine Pläne hatten. Aber jetzt können wir anfangen, welche zu schmieden.
»Wir sollten bei euch auf den Kuhwiesen zelten«, schlägt Risto in der großen Pause vor.
»Au ja, wir könnten ein richtiges Zeltlager machen«, meint Ole aus unserer Klasse.
»Klingt gut. Aber ich muss erstmal Solveig fragen.«

Die hat nichts dagegen. »Aber zeltet lieber schön in der Nähe vom Heuschober. Dann könnt ihr euch dort verkriechen, wenn es regnet. Und ihr macht kein Feuer, ohne dass einer von uns Erwachsenen dabei ist.«
Ich nicke.
»Ehrenwort?«
»Ehrenwort!«
Solveig kramt in den Küchenschränken. Ich kann nur ihren Hinterkopf sehen, als sie meint: »Und was hältst du davon, wenn wir Sanna für eine Woche zu uns holen? Ferien auf dem Lande, das wäre für sie doch vielleicht auch lustig.«
Ich springe auf und falle Solveig um den Hals.
»Das ist die tollste Idee überhaupt«, rufe ich.
Solveig lächelt. »Aber erstmal muss ich mit ihren Gasteltern sprechen. Du weißt ja: Die Engerlunds sind nicht so einfach.«
Ja, das weiß ich. Und wie ich das weiß. Die gucken mich immer noch

schräg an, wenn ich bei ihnen zur Tür hineinkomme. Finden mich wild und dreckig und laut. Das alles weiß ich. Aber ich weiß auch, dass Solveig eine Zauberin im Umgang mit Menschen ist. Wenn eine es schafft, Frau Engerlund davon zu überzeugen, dass Sanna eine Woche zu uns darf, dann ist es Solveig.

Am Wochenende zum Ferienanfang stehen vier kleine Zelte an unserem alten Heuschober. Acht Jungs sind wir alles in allem. Sozusagen die ganze Klasse. Die Mädchen machen ihr eigenes Zeltlager, so gut fanden sie unsere Idee. Aber richtig dazu kommen, wollten sie dann doch nicht.
»Eigentlich sollten wir nachts rübergehen und sie erschrecken«, meint Ole.
»Zuerst mal gehen wir jetzt aber Angeln«, bestimme ich. »Schließlich wollen wir doch was zu essen haben, wenn Leif heute Abend für das Feuer kommt.«
Die Jungs sind sofort dabei und wir ziehen los zum großen Angelsee. Fast eine ganze Stunde müssen wir laufen, bis wir da sind. Die Sonne strahlt vom Himmel und es wird richtig heiß. Als wir endlich angekommen sind, fangen Risto und ich sofort an, unsere selbstgebauten Angelruten vorzubereiten. Aber Ole streift sich Hemd und Hosen ab, rennt ins Wasser und spritzt uns andere so lange nass, bis wir endlich auch alle im See sind und ihm eine Abreibung verpassen.
»Hier können wir jedenfalls nicht mehr Angeln bei dem Krach, den wir gemacht haben«, stellt Risto fest, als wir alle erschöpft nebeneinander auf dem kleinen Steg liegen und uns von der Sonne trocknen lassen.
»Nein, dann gehen wir eben ein paar hundert Meter weiter. Da hinten sind warme Steine, auf denen können wir prima sitzen und warten«, schlägt Ole vor.
Es dauert nicht lange, bis die ersten Fische beißen. Wir fischen so lange, bis genug für das Abendessen beisammen sind. Es wurmt mich ein bisschen, dass ich nur einen einzigen fange, Ole aber gleich fünf. Als er den letzten Fisch in den Eimer gleiten lässt, sagt er leicht mitleidig zu mir: »Du bist eben einfach ein Stadtkind.«
»Pffff«, schnaubt da Risto. »Von wegen Stadtkind. Wer ist denn eben als einziger total dämlich barfuß durch die Brennnesseln gelaufen?«

Erst guckt Ole leicht betreten, dann meint er: »Aber das weiß doch jeder, dass das gut für die Gesundheit ist. Ihr werdet schon sehen: Wenn ihr im Winter alle erkältet seid, dann werde ich völlig gesund bleiben, weil ich im Sommer meine Brennnesselkur gemacht habe.«
Wir anderen Jungs lachen, aber ein bisschen beneide ich Ole auch. Um eine Antwort ist er jedenfalls nie verlegen.

Am Zeltplatz hilft uns Leif, ein Lagerfeuer zu machen und die Fische darüber zu grillen. Solveig hat uns außerdem frisches Brot und Milch geschickt und alles zusammen schmeckt einfach nur himmlisch. Wir essen uns kugelrund und sehen dabei zu, wie das Feuer langsam erlischt, während Leif uns schaurige Geschichten über die Geister wilder Tiere erzählt, die des Nachts durch Schweden ziehen, um ihren Hunger zu stillen.
»Glaubst du, Gespenster können überhaupt fressen?«, flüstert Risto mir zu. Aber ich zucke nur mit den Schultern. Ich bin furchtbar, furchtbar müde. So müde, dass ich nicht einmal mehr Angst haben kann. Den anderen geht es genauso und als das Feuer aus ist, krabbeln wir einer nach dem anderen in unsere Zelte.
Doch kaum bin ich richtig eingeschlafen, schrecke ich auch schon wieder hoch. Mein Herz rast wie verrückt: Da draußen ist etwas!

Sannas Besuch

Ich gucke mich nach Risto um. Im fahlen Licht der Vollmondnacht kann ich sehen, dass er mit weit aufgerissenen Augen daliegt und mindestens genauso ängstlich aussieht, wie ich mich fühle.
Ein leises Scharren ist an unserer Zeltwand zu hören und auf einmal tanzen gruselige Schatten durch das Zelt.
»Was machen wir jetzt?«
Risto hat nun seinen typischen Gesichtsausdruck, wenn er einfach seinen Kopf durchsetzen will. »Wir gehen raus!«, verkündet er.
Ich nicke. Besser als einfach hier drinnen zu hocken und sich zu Tode zu gruseln.
»Bei drei?«
Risto hockt schon am Zelteingang und knöpft die Tür auf.
»Eins, zwei, drei!«
Die »Drei« brüllt Risto schon und ich brülle mit. Das Kampfgeschrei klingt furchtbar laut in der nächtlichen Stille und wir hören ziemlich schnell damit auf. Denn außer unserem Geschrei gibt es da noch ein Geräusch – wildes Kichern.
»Warum regt ihr euch denn so auf?«, fragt Hannah verwundert und tut so, als könnte sie kein Wässerchen trüben. »Wir wollten nur mal schauen, wie ihr so zurechtkommt in eurem Zeltlager.«
Es sind die Mädchen aus unserer Klasse!
Erst bin ich ganz schön wütend, aber als sich herausstellt, dass die Mädels gleich zwei Beutel Zimtschnecken zur Versöhnung mitgebracht haben, beruhige ich mich schnell wieder.
Als die anderen Jungen merken, dass hier doch keine Gespenster zwischen unseren Zelten herumturnen, kommen sie auch langsam aus ihren Zelten gekrochen. Manche von ihnen haben wenigstens den Anstand, etwas beschämt zu gucken. Aber Ole gähnt theatralisch und tut so, als sei er gerade erst aufgewacht – war ja klar. Risto und ich gucken uns an und verdrehen die Augen. Aber wir sagen nichts. Dafür ist die Nacht viel zu schön. Es ist immer noch furchtbar warm und die Grillen zirpen. Wir beschließen, alle zusammen zum nahen Bach zu gehen, halten die Füße ins Wasser,

essen unsere Zimtschnecken und sind froh, dass wir dieses Wochenende noch nicht bei unseren Eltern und der Landarbeit anpacken müssen.

Das ändert sich jedoch am nächsten Montag. Da helfe ich Leif, die Zäune auf den Kuhwiesen auszubessern. Das habe ich ihm schon lange versprochen. Und dann flicke ich mit Thore das Dach vom Kuhstall. Und fege den ganzen Hof.

»Es soll doch gut aussehen, wenn Sanna kommt, oder?«, lächelt Solveig.

Ich nicke und lächle zurück. Mittlerweile bin ich die harte Arbeit gewohnt und sie macht Spaß, zumal Thore und Leif immer für ausreichend Pausen und gute Geschichten sorgen. Es gibt fast nichts besseres auf der Welt, als auf einem frisch ausgebesserten Dach zu sitzen, Kaffee aus der Thermoskanne zu trinken, ein frisch gebackenes Roggenbrot mit Käse zu essen und Thore dabei zuzuhören, wie er von wilden Waldtrollen erzählt.

Am späten Nachmittag ziehe ich los zu Risto, wenn er nicht vorher schon bei mir angekommen ist. Wir spielen Fußball oder gehen Angeln. Es ist ein schönes Leben, aber ich bin trotzdem ganz schön aufgeregt. Denn nächste Woche kommt Sanna! Sie war noch nie bei uns auf dem Hof und ich bin wirklich gespannt, wie es ihr gefallen wird. Vielleicht ist sie ja schon so wie ihre Gasteltern und ihr ist alles zu dreckig und zu wild?

Aber da habe ich mir ganz umsonst Sorgen gemacht. Sanna springt begeistert aus dem Auto, mit dem ihre Pflegemutter sie bringt. Sie rennt in meine Arme, begrüßt Solveig artig und sagt dann zu mir: »Wo sind die Kühe? Und wo ist Karlchen?«

Ich habe Sanna schon viel von unseren Kühen erzählt. Und Karlchen kennt sie ja, weil er mich jede Woche zu ihr bringt. Meistens hat sie dann eine Möhre für ihn parat. Und so ist es auch heute. Sie sieht etwas abgegriffen aus – wahrscheinlich hat Sanna sie die ganze Fahrt über aufgeregt in der Hand gehalten. Als ich das sehe, wird mir warm ums Herz.

Solveig ist auf alles vorbereitet. Sie zieht aus ihrer eigenen Schürze einen kleinen Kittel hervor, den sie jetzt Sanna umlegt.

»Der ist noch von mir, als ich so groß war wie du«, sagt sie und zwinkert Sanna zu. »So, jetzt könnt ihr erstmal ab zu den Weiden. Und ab morgen

ziehen wir dir alte Sommersachen von mir an, dann kann deiner schönen Stadtkleidung hier nichts passieren.«
Sanna strahlt und zusammen gehen wir los. Ich zeige ihr den Stall, aber der ist natürlich leer heute. Die Kühe sind auf der Weide und Karlchen arbeitet auf der Heuwiese an der großen Scheune.
Also laufen wir erst zur Kuhweide. Sanna sagt jeder Kuh einzeln Hallo und lässt sich von ihnen die Hände abschlecken. Dabei kichert sie wie verrückt. Dann gehen wir zur Scheune.
Da haben Thore und Leif sich gerade für ihre Mittagspause hingesetzt.
»Na, da ist es ja mal gut, dass Solveig genug für hundert hungrige Mäuler eingepackt hat«, sagt Thore. »Dann könnt ihr gleich was mitessen.«
Vorher kriegt aber Karlchen seine wohlverdiente Stadtmöhre.

Es ist eine herrliche Woche! Sanna und ich gehen mit Risto und Sari Beeren pflücken im Wald, an den Stellen, die Risto und ich schon vor Wochen ausgekundschaftet haben. Solveig backt uns daraus Beerenkuchen und macht frischen Beerensaft und Grütze und lauter herrliche Köstlichkeiten. Sari und Sanna verstehen sich so gut wie eh und je und so treffen wir uns jeden Nachmittag. Vorher helfen Sanna und ich zusammen, die Kühe auf die Weide zu treiben, die Tränken sauber zu machen oder Unkraut im Gemüsegarten zu jäten.
Als ich am Dienstag merke, dass Sanna gar nicht schwimmen kann, setze ich das auch auf die Liste. Morgens und abends laufen wir zum Teich und Sanna muss Schwimmübungen machen.
»Herrje«, seufzt Solveig. »Du hast aber ein straffes Programm. Na, dann iss mal lieber tüchtig Kuchen. Nicht dass uns die Städter sagen, wir hätten dich verhungern lassen.«
Dabei zwinkert sie Sanna zu und die gluckst mit vollem Mund. Nein, verhungern kann man hier wirklich nicht.
Am Ende der Woche kann Sanna richtig schwimmen. Und sie spricht ab und an wieder ein bisschen Finnisch, weil auch Risto und Sari es benutzen. Alles hat sie wohl doch noch nicht vergessen. Aber dann ist es so weit: Das Auto rollt wieder auf den Hof und Sannas Pflegemutter steigt aus. Sanna freut sich, sie zu sehen. Und erstmal trinken wir ja auch nur alle zusammen

Kaffee. Doch als es an die Abfahrt geht, kommen mir die Tränen in die Augen und ich würde am liebsten wegrennen, damit niemand sieht, dass ich heulen muss. Aber ich muss stark sein für Sanna. Die weint nämlich so richtig. Sie nimmt Solveig doll in den Arm und danach klammert sie sich an mich.

»Wir sehen uns doch in einer Woche schon wieder«, krächze ich.

»Ja, aber die Kühe sehe ich dann nicht. Und Risto und Sari und Solveig und Leif und Thore und Karlchen«, Sanna ist schwer zu verstehen, zwischen lauter Schnodder und Tränen. Und mir wird das Herz so schwer – als ich mich die ganze Zeit auf Sannas Besuch gefreut habe, habe ich nicht darüber nachgedacht, wie es wird, wenn sie wieder gehen muss.

»Sanna, nun komm schon, wir wollen nachhause«, sagt ihre Gastmutter. Ich kann sehen, dass es ihr leid tut, aber auch, dass sie verletzt ist. Vorsichtig löse ich Sannas Arme von meinen Schultern. Ich fürchte, wenn das Theater jetzt zu groß wird, wird ihre Pflegefamilie sie in den nächsten Ferien nicht mehr zu uns kommen lassen.

»Na also«, sagt die Mutter, hebt Sanna hoch und trägt sie ins Auto.

»Danke für alles«, sagt sie etwas spitz in Solveigs Richtung und dann steigt sie selbst ein und fährt davon. Sanna schaut mit verheultem Gesicht aus dem Autofenster, die kleinen Hände an die Scheibe gepresst. Und als sie um die Ecke gebogen sind, kann ich es doch nicht mehr verhindern: Ich weine. Solveig nimmt mich fest in den Arm und streichelt mir über den Kopf.

»Was habt ihr es schwer«, murmelt sie dabei.

Feldpost

Die nächsten Tage sind wunderschön. Die Sonne scheint ununterbrochen, Risto, Sari und ich finden neue Beerenstellen und schlagen uns die Bäuche voll. Aber irgendwie will mir nichts richtig Spaß machen oder schmecken. Ich vermisse Sanna so, so sehr!

Risto und Sari, Leif, Thore und Solveig verstehen das, ohne dass ich darüber sprechen muss. Sie lassen mich in Ruhe, nehmen mich einfach mit, wenn es etwas zu tun gibt oder sie etwas unternehmen. Und ich laufe nebenher.

Erst als Solveig zu Thore, Leif und mir auf die Kuhwiese hinausgelaufen kommt, wo wir gerade ein giftiges Kraut jäten, das sich ausgesät hat, werde ich wach.

»Matti, ich muss es dir direkt erzählen: Sanna darf wieder herkommen! Wir machen es jetzt so, dass du einmal alle zwei Wochen nach Stockholm fährst und die anderen Wochen kommt sie zu uns.«

»Und bis zum nächsten Wochenende ist es gar nicht mehr so lange hin«, fügt Thore hinzu, der sich mit der einen Hand den Rücken massiert und mit der anderen den Schweiß abwischt.

»Ich weiß, das ist immer noch nicht so toll wie zusammen wohnen. Aber wenigstens könnt ihr dann hier auch ein bisschen was mit Risto und Sari unternehmen, oder?«

Ich nicke. Klar hat Solveig recht. Aber es wäre eben noch viel schöner, wenn Sanna jetzt einfach hier wäre.

»Danke«, sage ich und mache mich dann wieder an die Arbeit.

Solveig seufzt, streicht mir über den Kopf und verschwindet wieder Richtung Wohnhaus.

Es dauert ein paar Tage, bis alles wieder einigermaßen normal ist. Und dann sitze ich wirklich schon auf der Kutsche, unterwegs nach Stockholm. Karlchen zieht uns wie immer unermüdlich und stetig und Sanna wartet wie immer mit einer Möhre auf ihn. Wir spielen den ganzen Tag und dieses Mal benutzt Sanna wieder viel mehr Finnisch.

Als ich abends wegfahre, tut es wieder weh. Aber ich weiß: Wir werden das schaffen.

Als mir Solveig am Montag dann allerdings mit besorgter Miene einen Brief hinhält, ist meine gute Stimmung gleich wieder verflogen.
»Was ist das?«, will ich wissen.
»Das ist Post von der Armee«, sagt Solveig und schluckt.
Ich gucke sie mit großen Augen an. Sonst haben wir immer nur die Postkarten von Mama bekommen! Vorsichtig nehme ich ihr den Brief aus der Hand und setze mich auf die Küchenbank. Dann öffne ich ihn.
Im ersten Moment bin ich erleichtert, denn es sind mindestens drei Seiten. Wenn Papa gestorben wäre, würden sie dafür ja wohl nur einen Satz brauchen.
Meine Hände zittern, als ich die Blätter auseinanderfalte.

»Mein lieber Matti,
es tut mir leid, dass ich mich erst jetzt einmal persönlich bei dir melde. Ja, das tut mir leid und noch so viel mehr. Aber weißt du, im Krieg hat man so viel um die Ohren, da hat man gar nicht so viel Zeit, darüber nachzudenken, was einem leidtut. Man darf es auch eigentlich nicht, denn sonst wird man verrückt.
Jetzt aber ist es anders. Ich liege schon seit drei Wochen in einem Soldatenkrankenhaus. Bei einem Granatenschlag hat es das rechte Bein erwischt. Es musste abgenommen werden. So langsam übe ich, wieder zu laufen, mit Krücken und so. Das wird schon alles gut werden, wirst sehen. Nur mit dem Fußballspielen ist es natürlich aus.
Jedenfalls hatte ich jetzt sehr viel Zeit, nachzudenken. Und ich wollte dir sagen, dass es mir leidtut, dass ich nicht verhindert habe, dass ihr nach Schweden geht. Als ich den Brief von deiner Pflegemutter gelesen habe, wo sie erklärt hat, was du alles für Sanna gemacht hast und wie schlecht es dir erst ging, hat es mir fast das Herz gebrochen. Ich bin so stolz auf dich, mein Junge!
Du bist tapfer und mutig und ich bin mir ganz sicher, dass du die Zeit in Schweden auch weiter gut überstehen wirst. Denke nur immer daran, dass deine Mutter und ich Sanna und dich von ganzem Herzen lieben und dass wir dem Tag entgegenfiebern, an dem wir endlich wieder als Familie zusammen sind.

Bitte grüße auch deine Pflegefamilie von mir.
Dein Vater«

Ich lasse den Brief vor mir auf den Tisch fallen. Es gibt ein Platschen, als wären die Seiten viel schwerer. Mindestens genauso schwer wie das, was Papa da geschrieben hat.

»Was ist los?«

Erst will ich Solveig sagen, dass sie einfach selbst den Brief lesen soll. Aber sie kann ja gar kein Finnisch.

»Papa hat ein Bein verloren«, sage ich dumpf.

Solveig zuckt richtig zusammen. Sie setzt sich neben mich auf die Bank und legt den Arm um mich.

»Ist er außer Lebensgefahr?«

»Es klingt so. Zumindest trainiert er schon zu laufen.«

Dass Papa sich auch entschuldigt hat, sage ich ihr lieber nicht, aber die Grüße richte ich aus. Die ganze Zeit fühle ich mich dabei, als kann das alles gar nicht stimmen. Bestimmt wache ich gleich vor zwei Jahren in meinem Bett in Helsinki auf, es ist Frieden und ich bin noch nie in Schweden gewesen!

Ich würde das so gerne glauben, wenn nicht neben mir Solveig säße und mich drückte, wobei sie immer wieder murmelt: »Mein armer Junge!«

Das Leben geht weiter

Es dauert zwei Monate, bis der nächste Brief von Papa kommt. Er ist jetzt wieder in Helsinki, bei Mama. Trotzdem dürfen Sanna und ich noch nicht zurück – der Krieg geht ja weiter und auch wenn Papa es nicht schreibt, in den schwedischen Zeitungen steht es fast jeden Tag: In Finnland ist die Lage sehr ernst. Das Essen ist knapp und alle müssen hart arbeiten, damit das Leben weitergehen kann. Wenn Solveig auf die Karten zu den Frontverläufen schaut, die oft neben den Artikeln abgedruckt sind, schüttelt sie manchmal sorgenvoll den Kopf. Seit die Deutschen in Finnland sind und an unserer Seite kämpfen, geht es gut voran. Wir haben sogar schon Teile der Gebiete zurückerobert, die wir im ersten Krieg verloren haben. Solveig denkt, glaube ich, dass es so gut nicht weitergehen kann. Aber ich habe beschlossen, dass mir das alles egal ist. Hauptsache Mama und Papa leben noch.
Sanna ist sehr erschrocken, als ich ihr von Papas Bein erzählt habe. Wir haben zusammen einen Brief zurückgeschrieben, Sanna hat diktiert, sie kann ja noch nicht so gut schreiben. Aber dafür hat sie Papa ein Bild von uns als Familie dazu gemalt. Papa ist leicht zu erkennen, ihm hat sie einfach nur ein Bein gemalt. Das sieht ein bisschen komisch aus, aber ich hoffe, Papa versteht, dass es lieb gemeint ist. Als ich das Bild gesehen habe, ist mir kurz ein bisschen schlecht geworden. Ob wir wohl jemals überhaupt wieder so als Familie zusammenstehen werden? Mama, Papa, Sanna und ich?

Mittlerweile schreiben Papa und ich regelmäßig hin und her. Mama setzt immer nur einen knappen Satz unter die Briefe und auch ich grüße sie nur flüchtig. So viel Mühe ich mir auch gebe: Ich kann einfach nicht aufhören, sauer auf sie zu sein. Papa schweigt über das ganze Thema und alles in allem haben wir uns gut eingerichtet. Einmal im Monat kommt Post von Papa, über die ich mich freue, und zwischendurch gibt es ganze Phasen, in denen ich fast gar nicht an die beiden denke. Wenn mir das auffällt, bekomme ich kurz ein schlechtes Gewissen. Aber dann werde ich wieder trotzig: Ich habe mich ja schließlich nicht entschieden, nach Schweden zu

gehen! Es ist ein ewiges Chaos der Gefühle und darum ist es ganz ehrlich manchmal einfacher, gar nicht an meine Eltern zu denken.
»Dass du so oft an deine Eltern schreibst«, sagt Risto etwas verwundert, als er mich eines Tages zum Angeln abholt und mein Schreibzeug noch auf dem Küchentisch liegt.
Ich zucke mit den Schultern. »Sie sollen sich ja keine Sorgen machen.«
Risto verzieht spöttisch den Mund. »Stimmt, das würden meine Eltern eh nicht machen. Von denen habe ich schon seit einem ganzen Jahr nichts mehr gehört.«
Es ist das erste Mal, dass er so offen über seine Eltern spricht und ich gucke ihn überrascht an.
Jetzt ist es Risto, der mit den Schultern zuckt. »Ist doch auch egal. Ich habe jetzt Eltern hier. Ich gehe nie mehr zurück, so viel ist klar.«
Ich nicke und fühle, wie in mir all die Zerrissenheit und mein schlechtes Gewissen wieder hoch kommen. Ich will auch nicht zurück und zugleich gibt es kaum etwas, was ich mehr will. Ich erwische mich dabei, dass ich Risto fast ein bisschen beneide: Wenn die Dinge für mich nur auch so einfach wären.
Aber andererseits sind sie so einfach auch für Risto nicht. Ob er wohl wirklich hier bleiben darf? Nach dem letzten Krieg wären Sari und er zurückgeschickt worden, warum sollte es dieses Mal anders sein?
Ich schnappe meine Angelrute und folge Risto, der schon ungeduldig hinausgelaufen ist. Warum soll ich mir über all das jetzt den Kopf zerbrechen? Der neue Krieg geht nun schon über ein Jahr und es sieht überhaupt nicht so aus, als wäre er bald zu Ende. Wer weiß schon, was bis dahin noch alles passieren kann.

Risto bleibt

Es ist September 1944 als der Krieg aufhört. Mittlerweile geht Sanna schon zur Schule und Finnisch spricht sie fast gar nicht mehr, egal, wie sehr Risto, Sari und ich uns angestrengt haben. Das Schlimmste für mich ist aber, dass sie ihre Pflegemutter, diese doofe, komische Person, Mama nennt und wirklich lieb hat. Wenn ich ihr gegenüber von Mama oder Papa spreche, braucht sie immer ein, zwei Sekunden, um zu begreifen, dass es um unsere richtigen Eltern geht. Das kann ich ihrem Gesicht ansehen.

Und ich kann sie verstehen. Manchmal denke ich auch von Solveig als Mama. Ich meine, eigentlich war sie das in den letzten Jahren ja auch. Von Mama habe ich nichts gehört außer ein paar hingekritzelter Zeilen. Ich habe keine Ahnung, ob sie mich vermisst. Papa schreibt ab und zu, dass es merkwürdig ist, zuhause zu sein ganz ohne uns Kinder. Aber Mama? Sie schreibt nur, dass es ihr gut geht, und das war es.

Seit das Kriegsende in den Zeitungen stand, warte ich jeden Tag auf Nachricht von meinen Eltern. Aber am Ende ist es das Büro der Hilfsorganisation, das sich zuerst meldet. Als ich aus der Schule nachhause komme, liegt da ein aufgefalteter Brief, in dem alles steht: Wann unser Schiff abfährt, wie viel Gepäck wir mitnehmen dürfen und wo wir abgeholt werden.

Ich lese den Brief und schiebe den Teller mit Fleischbällchen und Kartoffeln von mir weg. Mir ist der Appetit vergangen. Denken die Erwachsenen, sie können uns einfach hin und her schicken wie irgendwelche Pakete?

Solveig seufzt und setzt sich neben mich.

»Matti, weißt du noch, wie viel Heimweh du am Anfang hattest? Bestimmt gibt es viel, was jetzt anders ist, aber eigentlich ist es doch immer noch dein Zuhause, zu dem du zurückfährst.«

Ich höre Solveigs Stimme an, dass es sie viel Kraft kostet, das zu sagen. Ich denke über das Wort Zuhause nach und dass ich eigentlich gar nicht mehr sagen kann, wo mein Zuhause wirklich ist. Eigentlich ja auch hier, aber eben irgendwie auch nicht. In mir ist so ein Wirrwarr von Gedanken, dass ich nichts sagen kann.

Solveig streicht mir über den Kopf.

»Eins ist jedenfalls wichtig, Matti: Wann immer du es brauchst, bist du bei uns willkommen.«
Ich nehme sie in den Arm und wünschte, jetzt könnte einfach die Zeit anhalten und all die komplizierten und schwierigen Gedanken könnten verschwinden und alles wäre einfach nur gut.
Aber so ist es natürlich nicht.
Sanna hat genau den gleichen Brief bekommen wie ich und als wir uns am nächsten Wochenende sehen, stellt sie mir eine Frage nach der anderen über Mama und Papa und unsere Wohnung. Darüber, wie wir so gelebt haben. Es ist, als hätte sie alles vergessen.
»Sanna, Mama und Papa wohnen doch jetzt sowieso in einer ganz anderen Wohnung. Ich habe keine Ahnung, wie groß die ist«, sage ich leicht genervt, als sie mich zum dritten Mal fragt, ob wir wirklich nur zwei Zimmer hatten.
Klar, jetzt wohnt sie in einem ziemlichen Palast. Ein ganzes Haus für ihre Pflegeeltern und sie und das Hausmädchen und die Köchin. Kein Wunder, dass ihr zwei Zimmer da doch reichlich wenig vorkommen. Ich will aber lieber ehrlich zu ihr sein, damit sie nicht zu enttäuscht ist, wenn wir in Helsinki ankommen. Für Sanna wird es bestimmt ein ganz schöner Schock!

Dieses Mal haben wir ganze zwei Wochen, um uns auf unsere Abreise vorzubereiten. Ich helfe so viel, wie ich kann im Stall und im Haus. Ich laufe all meine Lieblingswege durch den Wald, gehe nochmal mit Risto angeln, ja, mache überhaupt all die Dinge, die ich so liebe, hier auf unserem kleinen Hof.
»Ach, mein Junge«, seufzt Solveig manchmal, wenn sie sieht, wie ich mich von etwas verabschiede oder traurig werde. »Du kommst doch wieder. In den Ferien kommst du uns besuchen.«
Ich nicke stumm und sage trotzdem Lebewohl. Wer weiß. Wer weiß, ob das mit dem Besuchen wirklich klappt. Erwachsene können so manches reden. Niemand hätte doch gedacht, dass wir jahrelang hier sind und doch ist es so gekommen.
Manchmal, wenn ich mit Risto durch den Wald laufe oder von der Schule

nachhause gehe, ertappe ich mich dabei, wie sehr ich ihn beneide. Er wird nämlich dieses Mal hier bleiben. Seine Pflegeeltern haben beantragt, Sari und ihn adoptieren zu dürfen, und die echten Eltern haben zugestimmt. Risto wird jetzt ein richtiger feiner Pinkel, ein echter Schwede. Als ich ihm das sage, grinst er über das ganze Gesicht.
»Jaja, aber ich vergesse Finnland schon nicht, keine Sorge. Und einen Pimpf wie dich kann ich noch immer locker im Boxkampf schlagen.«
Ich grinse zurück. Ja, da hat er wahrscheinlich recht. Risto ist furchtbar gewachsen in der letzten Zeit.

Am Tag meiner Abreise kommen auch Risto und Sari zu uns auf den Hof. Ich habe für alle kleine Tiere aus Holz geschnitzt als Andenken. Als ich sie verteile, steigen sogar Thore und Leif kurz die Tränen in die Augen. Risto gibt mir einen der flachen Kiesel, die an unserer Angelstelle liegen.
»Damit du dich noch erinnerst, wenn du nächsten Sommer zu Besuch kommst«, meint er.
Es ist ein komisches Gefühl, mit Solveig und Thore auf die Kutsche zu klettern und von Karlchen zum Hafen gezogen zu werden. So oft sind wir mit ihm nach Stockholm gefahren und jedes Mal habe ich mich wie verrückt darauf gefreut, gleich Sanna zu sehen. Und jetzt würde ich alles darum geben, dass unsere Kutsche kaputt geht und wir nicht rechtzeitig am Hafen ankommen.
Aber wir kommen natürlich rechtzeitig an. Wir treffen Sanna und ihre Pflegeeltern und es ist alles wie in einem komischen Film, wie in einer merkwürdigen Wiederholung der Ereignisse vor fünf Jahren. Plötzlich stehe ich wieder mit einer heulenden Sanna an der Reling und versuche, Solveig und Thore so lange es geht, im Blick zu behalten, doch ich verliere sie so schnell aus den Augen, dass es geradezu gruselig ist. Erst sind sie nur noch kleine Punkte und dann ist da bloß noch das Meer und die Stadt, ohne dass ich irgendwelche Einzelheiten erkennen könnte. Ich starre immer weiter aufs Wasser, auch als Stockholm schon längst nicht mehr zu sehen ist. Ich fühle mich, als würde in mir drin alles ertrinken.

In der Fremde

Während wir auf dem Schiff sind, schießen mir immer wieder Erinnerungen an unsere erste Überfahrt durch den Kopf. Daran, wie wir Risto und Sari kennengelernt haben. An die nette Helferin, ohne die ich Sanna nie wiedergefunden hätte. An meine Hilflosigkeit. Damals dachte ich, dass das Beste, was mir passieren könnte, ein Schiff zurück nach Hause wäre. Aber jetzt bin ich mir da nicht mehr so sicher. Ich habe Angst davor, Papa und Mama wiederzusehen. Und Erkki und Ilkka. Und die Stadt.
Zum Glück lässt mir Sanna allerdings gar nicht viel Zeit zum Grübeln. Sie fragt mir Löcher in den Bauch über früher. Wahrscheinlich hat sie genau so viel Angst wie ich. Der Unterschied ist nur, dass sie sich noch weniger erinnert. Die meisten Kinder hier sind in ihrem Alter. Ich bin wieder einer der Ältesten. Und als die anderen mitbekommen, dass ich von Finnland erzähle, setzen sich immer mehr zu uns und hören zu.
»Sag mal was auf Finnisch«, ruft einer.
Ich sage: »Hallo, wie geht es euch?«, weil mir nichts Besseres einfällt und weil ich denke, dass es schön einfach ist. Aber in den Gesichtern der meisten kann ich sehen, dass es ganz und gar nicht einfach ist.
»Das lernt ihr ganz schnell wieder«, sage ich hastig auf Schwedisch, als den Ersten Tränen in die Augen steigen. »Denkt doch nur mal daran, wie schnell ihr Schwedisch gelernt habt.«
Ich erzähle den anderen davon, wie viele Dinge gleich sind in Finnland und in Schweden und dass sie schon schnell zurecht kommen werden. Aber ich kann mir selbst nicht glauben, denn das größte Problem ist doch: Selbst wenn sonst alles gleich wäre, unsere Eltern sind es nicht.

Bevor wir dieses Mal vom Boot dürfen, werden wir mit Namen aufgerufen, damit wir an Land schnell zu unseren Eltern geführt werden können. Ich komme mir vor wie ein großes Paket, das vom Postboten zugestellt wird. Und am liebsten wäre ich das auch wirklich, denn ein Paket ist wohl auf keinen Fall so aufgeregt, dass ihm die Knie wackeln.
Sanna hält meine Hand und drückt sie so fest, dass meine Finger fast taub werden. Auch wenn sich ihre Handfläche schwitzig anfühlt, bin ich froh

darüber, denn so kann ich sie in dem ganzen Gedränge nicht verlieren und das ist die Hauptsache. Das soll uns nicht noch einmal passieren!
Wir folgen einer Helferin durch eine große Halle, in der schon mehrere Kinder und Eltern einander begrüßen. Manche fallen sich wild in die Arme, andere stehen verlegen da und wissen nicht, was sie tun sollen. Ich versuche, nicht hinzuschauen. Hauptsächlich, weil ich nicht will, dass gleich jemand sieht, wie ich unsere Eltern begrüße. Das ist mir hier alles zu viel und zu laut und nicht zum ersten Mal heute wünsche ich mir, auf der Kuhweide zu liegen und mit Risto und Sari in die Wolken zu schauen.
»Da sind eure Eltern«, sagt die Helferin.
Sie reicht Mama ein paar Papiere und dann ist sie verschwunden und wir stehen da wie am Boden festgenagelt. Beziehungsweise Papa sitzt. Sein eines Hosenbein ist umgenäht und der Beinstumpf ragt knapp über die Stuhlkante hinaus. Sonst sieht er so aus wie immer, außer dass seine Augen ein bisschen feucht glänzen. Er streckt die Arme nach uns aus. Sanna ist schneller als ich, aber dann komme ich auch dazu. Papa hält uns fest und warm. Er riecht noch genauso wie früher und als ich das bemerke, bekomme ich einen Kloß im Hals, der so dick ist, dass ich fast Angst habe zu ersticken.
Papa lässt uns los und Sanna geht vorsichtig zu Mama. Die umarmt sie ganz kurz und mir streicht sie flüchtig über den Kopf, während sie sagt: »Dann lasst uns mal los, sonst verpassen wir den Zug.«
Eigentlich sieht auch Mama so aus wie immer. Aber sie hat ein paar graue Haare gekriegt und ihr Mund ist schmaler geworden. So als hätte sie nicht mehr gelacht, seit ich sie zuletzt gesehen habe.
Ich greife meinen und Sannas Koffer, während Sanna ihre kleine Tasche nimmt und dann folgen wir Mama, die vorneweg geht. Papa richtet sich auf und greift nach seinen Krücken.
»Jaja, es ist ein anderes Leben«, sagt er mit einem Kopfnicken zu mir.
Ich nicke zurück, aber innerlich bewundere ich Papa. Wie er mit den Krücken umgeht, sieht es so aus, als habe er nie etwas anderes gemacht. Schnell hat er Mama eingeholt und Sanna und ich folgen den beiden. Der Zug wartet schon am Gleis und wir steigen ein.
Sanna scheint furchtbar erleichtert zu sein. Vielleicht ist sie aber auch

nervös. Jedenfalls plappert sie jetzt in einer Tour drauflos. Sie erzählt und erzählt. Von ihrem Zimmer in Stockholm und davon, wie gut es war, dass ich sie gefunden habe und von ihrer neuen Schule und allem Möglichen. Es scheint, als würde sie kein Ende finden. Aber als sie anfängt, von ihren Gasteltern zu erzählen, da unterbricht Mama sie barsch.
»Sprich Finnisch, Kind!«
Sanna erschrickt. Ich kann spüren, wie sie neben mir ganz steif wird. Sie dreht ihren Kopf zum Fenster und sagt gar nichts mehr. Vorsichtig greife ich ihre Hand und bin froh, dass sie sie nicht wegzieht.
»Du hättest wirklich darauf achten sollen, dass sie ihr Finnisch nicht vergisst«, fährt Mama nun mich an.
Am liebsten würde ich sie anbrüllen, dass ich doch das alles nicht entschieden habe. Dass Sanna ohne mich Finnisch nicht einmal mehr verstehen würde. Aber ich schlucke es herunter. Ich werfe einen kurzen Blick auf Papa, der aber genau wie Sanna aus dem Fenster guckt und so tut, als hätte er nichts gehört.
»Ich muss mir ein bisschen die Beine vertreten«, sage ich, stehe auf und laufe im Zug umher. Erst kurz vor Helsinki gehe ich zu den anderen zurück.
»Na, das kann ja was geben, wenn du gleich wieder anfängst, nur herumzustreunen, statt dich nützlich zu machen«, empfängt Mama mich.
Ich sage nichts, sondern setze mich neben Sanna. Als wir in Helsinki einfahren, erkläre ich Sanna die Dinge, die ich noch erinnere, zeige auf ein paar Gebäude. Ich bin erleichtert, als ich die Stadt sehe. Ich erkenne doch vieles wieder. Sie ist so schön wie eh und je.
Wegen Papas Bein fahren wir mit der Straßenbahn zur neuen Wohnung, die nur ein paar Blocks von der alten entfernt liegt. Sanna und ich werden uns ein Zimmer teilen.
»Packt eure Koffer aus, ich mache so lange das Essen warm«, sagt Mama.
Als die Tür hinter ihr zugegangen ist, flüstert Sanna auf Schwedisch: »Matti, ich habe Angst.«
Ich gehe zu ihr und nehme sie in den Arm.
»Du brauchst keine Angst haben. Du kannst doch noch Finnisch. Wir üben zusammen und nach und nach kommt es wieder.«

Sanna nickt und schnieft, wischt sich die Tränen ab und macht sich daran, ihre Kleider in die kleine Kommode zu legen, die wir uns teilen.
Trotzdem bleibt es sehr still beim Abendessen. Papa erzählt ein bisschen was von seiner neuen Arbeit, er macht Witze wie früher. Doch Mama lacht nicht mit und bald versiegt das Gespräch wieder.
Ich bin froh, als wir endlich ins Bett gehen. Aber dann kann ich nicht einschlafen. Ich liege da, starre an die Decke und stelle mir vor, wie es Solveig, Leif und Thore, Risto und Sari, Karlchen und den Kühen und überhaupt allen gerade wohl geht. Ob sie mich auch so vermissen, wie ich sie? Und ich überlege, wie es hier weitergehen soll und was eigentlich mit Mama los ist. Eigentlich sollte ich wütend auf sie sein. Aber jetzt bin ich einfach nur noch traurig und enttäuscht.
Draußen auf der Straße sind furchtbar viele Geräusche. Ich frage mich, ob es hier schon immer so laut war. Früher habe ich das jedenfalls nie bemerkt. Aber jetzt hallt alles dreifach in meinem Ohr wider. Es dauert lange, bis ich doch endlich in einen unruhigen Schlaf falle.

Kriegsversehrt

Noch sind Sommerferien. Es ist das erste Mal, dass ich mich richtig nach der Schule sehne. Klar, ich habe auch Angst davor, wie es sein wird. Ob ich mit dem finnischen Stoff mitkomme. Wie die anderen in meiner Klasse sind. Ob ich noch viele kenne.

Aber es wäre eine gute Ablenkung. Davon, dass ich Solveig und die anderen furchtbar vermisse. Und davon, wie still es bei uns zuhause ist. Mama und Papa sprechen kaum miteinander. Und Sanna traut sich nicht, etwas zu sagen, weil Mama sie korrigiert, sobald sie nur den kleinsten Fehler macht. Da ist sie lieber ganz ruhig. Papa und ich versuchen, uns über Fußball und solche Dinge zu unterhalten, aber ich habe nur die schwedische Liga verfolgt in den letzten Jahren und die Mannschaften hier bauen sich gerade erst wieder auf. Vielleicht wird es besser, wenn wir demnächst mal zusammen zu ein paar Spielen gehen.

Jetzt jedenfalls laufen wir schweigend nebeneinander her. Papa will ein paar Kaninchen halten und wir müssen Material besorgen, mit dem wir einen Stall bauen können. Mit Papa ist das Schweigen nicht ganz so schlimm. Ich merke, dass es nichts mit mir zu tun hat. Aber mit unseren fröhlichen Streifzügen von früher hat das hier nichts gemein.

Ich würde ihn gerne fragen, was genau eigentlich passiert ist, als er sein Bein verloren hat. Und wie es war, im Krieg zu sein. Ich wüsste auch so gern, ob Papa versteht, was mit Mama los ist. Aber all das traue ich mich nicht zu fragen. Es ist, als wäre eine unsichtbare Mauer um Mama und Papa aufgebaut. Bei Papa sind noch ein paar Türen drin, die er ab und an aufmacht. Aber bei Mama sind noch extra Stacheldrahtzäune drumherum gespannt, damit auch wirklich keiner hereinkommt.

Manchmal höre ich Papa nachts wimmern. Bestimmt hat er Albträume. Meist weckt Mama ihn dann, holt ihm etwas zu trinken und spricht beruhigend auf ihn ein. In diesen Momenten klingt sie fast wie früher, vor dem Krieg. Aber morgens hat sie wieder dieses versteinerte Gesicht, sieht höchstens noch ein bisschen müder aus als am Tag zuvor.

Beim allerersten Mal bin ich aufgestanden und wollte ihr helfen. Aber sie hat mich zurück ins Bett geschickt. Am nächsten Tag haben wir nicht von der Nacht gesprochen und so ist es auch geblieben. Überhaupt sprechen wir über nichts. Papa hat zwar eine Arbeit als Pförtner gefunden, aber er verdient viel zu wenig im Vergleich zu seinem früheren Fabrikjob. Das Geld reicht hinten und vorne nicht. Das kann ich daran sehen, wie besorgt Mama unsere Ausgaben zusammenrechnet. Darum versucht Papa sich jetzt in Kaninchenzucht und hat ein kleines Gemüsebeet in unserem Gartenteil angelegt. Das Umgraben muss schwierig gewesen sein für ihn. Zum Glück bin ich jetzt da, um zu helfen.

Nachmittags, wenn Papa sich hinsetzt, um die Zeitung zu lesen, und Mama das Abendessen kocht, ziehe ich für eine Stunde allein durch die Straßen. Ich bin auf der Suche nach Erkki und Ilkka, aber bisher konnte ich sie nirgendwo entdecken. Sie halten sich an keiner unserer alten Lieblingsstellen auf. Überhaupt sind wenig Kinder unterwegs. Ob sie alle noch in Schweden sind? Sanna und ich waren unter den ersten, die nachhause geschickt wurden. Mama will ich lieber nicht danach fragen. Ich werde einfach warten, irgendwann sehe ich die beiden schon wieder.

Das Stromern ist jedenfalls so oder so nützlich. Manchmal finde ich alten Sperrmüll, den Papa und ich noch für das eine oder andere gebrauchen können. Und heute habe ich richtiges Glück. Bei Gemischtwarenhändler Ahonen hängt ein Schild im Fenster: »Auslieferjunge gesucht. Montags bis Samstags eine Stunde am Nachmittag.« – Das kann ich sogar nach der Schule schaffen und das Geld könnte Mama bestimmt gut gebrauchen. Vielleicht wird sie dann wieder froh?

Vorsichtig öffne ich die Ladentür. Ich nehme meine Kappe ab und warte, bis die beiden Damen, die am Verkaufstresen stehen, ihre Einkäufe erledigt und bezahlt haben. Dann gehe ich nach vorne. Leider steht nicht Ahonen selbst am Tresen, sondern seine Tochter. Die kenne ich noch von früher. Sie war zwei Klassen über mir und fürchterlich schlau. Jetzt ist sie schon richtig erwachsen mit hochgesteckten blonden Haaren und einer knallroten Bluse.

»Ich komme wegen der Aushilfsstelle«, sage ich, meine Kappe nervös in den Händen knetend.

»Papa«, ruft Aino nach hinten in den Lagerraum. »Hier ist ein Bewerber.«

Ich höre es rumpeln und dann kommt Ahonen nach vorne. Ahonen ist ein großer und starker Mann, auch wenn ich ihn noch größer und stärker in Erinnerung habe. Aber so geht es mir mit vielem hier. Es ist kleiner, weil ich gewachsen bin.

»So. Du willst also die Stelle als Aushilfe haben?«, fragt Ahonen und seine tiefe Stimme füllt auf gemütliche Weise den Laden. – Hier wird jedenfalls nicht geschwiegen, hier ist Ahonen so voll und ganz zuhause, dass er so viel reden kann, wie er mag, das ist klar.

Er mustert mich von oben bis unten.

»Wo kommst du her? Ich kenne dich gar nicht.«

»Doch, Sie kennen mich schon. Matti Lehtinen, aber ich war jetzt fünf Jahre in Schweden.«

»Einer von denen bist du. Aha. Aber nicht zu fein zum Arbeiten, was?«

»Nein«, ich bin empört und es ist das erste Mal, dass ich Ahonen direkt in die Augen gucke, als ich widerspreche. »In Schweden habe ich auch jeden Tag hart gearbeitet. Auf dem Hof geholfen und so. Das sind nicht alles feine Pinkel. Die sind genau wie wir.«

Ahonen lacht. »Weiß ich ja. Bin selbst viel in Schweden gewesen. Aber ist gut. Du wirst dir nicht die Butter vom Brot nehmen lassen, das gefällt mir. Komm morgen wieder, dann fangen wir an und ich erkläre dir alles.«

Ich kann mein Grinsen nicht zurückhalten. »Danke! Bis morgen!«

Ich springe aus dem Laden und renne so schnell ich kann nachhause. Ich kann es kaum erwarten, Mama und Papa die gute Nachricht zu erzählen! Die werden Augen machen.

Papa freut sich auch wirklich. »Das ist eine ehrenwerte Stelle. Wer weiß, vielleicht kann Ahonen dir später auch eine Ausbildung geben«, sagt er.

Aber Mama zuckt nur mit den Schultern. »Setz dem Jungen keinen Floh ins Ohr. Sobald der alt genug ist, soll er in die Fabrik, wir brauchen das Geld. Aber dieser Job jetzt ist natürlich besser als gar nichts.«

Dann dreht sie sich wieder an den Herd, wo sie gerade die Kohlsuppe ein letztes Mal umrührt und sie dann zu uns an den Tisch trägt.

In mir fällt alles zusammen. Ich hatte so gehofft, Mama jetzt einmal lächeln zu sehen. Aber das kann ich wohl vergessen.

Die Prügelei

»Danke!«

Ich habe Mama gerade meinen ersten Lohn gegeben und es ist das erste Mal, seit wir wieder in Finnland sind, dass sie ein nettes Wort zu mir sagt. Ganz ohne bitteren Unterton. Jetzt dreht sie sich schnell von mir weg.

Wenn alles so wäre wie früher, würde ich sie jetzt in den Arm nehmen. Weil ich weiß, dass sie traurig ist. Aber es ist nichts wie früher und ich kann nicht.

Stattdessen gehe ich raus in den Garten, um Papa noch kurz mit dem Kaninchenstall zu helfen, bis es Abendbrot gibt.

»Ach Junge«, sagt der, als er mein trauriges Gesicht sieht. »Das renkt sich schon wieder ein, wirst schon sehen.«

Aber ich glaube da nicht mehr dran. Wie soll sich das alles noch einrenken? Wenn wir im Haus sind, spricht Papa kaum, Sanna sagt ohnehin keinen Pieps und Mama kann jederzeit explodieren. Manchmal fühle ich mich, als würde ich mit Fremden zusammenwohnen.

Doch heute Abend ist die Stimmung tatsächlich besser als sonst. Mama gibt sich sichtlich Mühe, Sanna nicht einzuschüchtern und lobt sie sogar, als sie auf Finnisch um die Kartoffeln bittet.

Abends im Bett fühle ich mich leichter als sonst. – Vielleicht hat Papa recht. Vielleicht wird doch noch alles wieder gut.

Aber schon am nächsten Abend geht alles wieder von vorne los. Es ist Sonntag und wir essen nur die Reste von gestern. Früher hat Mama immer ein großes Aufhebens davon gemacht, dass es am Sonntag das beste Essen der ganzen Woche gibt. »Damit Papa gestärkt in die Fabrik gehen kann«, hat sie immer gesagt und mir zugezwinkert.

Jetzt sage ich also: »Wenn du willst, kann ich nächsten Samstag Ahonen fragen, ob er Fleisch übrig hat, dass er mir günstig mitgeben kann für den Sonntag.«

Sofort schmeißt Mama wütend ihren Löffel hin und funkelt mich über den Tisch an.

»So, ist dem feinen Herrn unser Sonntagsessen nicht gut genug, ja? Keiner

hier meckert, Matti, alle sind zufrieden. Aber für dich, den hohen Herren aus Schweden, muss es wohl etwas Besseres sein?«
»Nein, ich … so meinte ich …«
Aber Mama ist schon aufgesprungen und hantiert absichtlich laut mit den Töpfen in der Spüle.
Papa guckt mich an und schüttelt den Kopf. Ich weiß zwar, dass er mich damit trösten will, weil man Mama jetzt eh nicht aufhalten kann, aber es macht mich wütend. Warum kann er nicht laut etwas sagen? Warum kann er nicht einen Witz machen und mit Mama durchs Zimmer tanzen, Krücken hin oder her? Warum kann nicht einfach alles so sein, wie es sein soll? Wie es war?
Sanna legt mir unterm Tisch die Hand aufs Bein. Ich nicke ihr zu, dann stehe ich auf und gehe. Für heute Abend habe ich genug.

»Matti?«
»Mh?«
Ich habe mich gerade hingelegt. Obwohl ich so leise wie möglich ins Zimmer geschlichen bin, ist Sanna wieder aufgewacht. Vielleicht hat sie auch noch gar nicht geschlafen. Jedenfalls guckt sie mich aus riesengroßen Augen an.
»Denkst du, ich schaffe das in der Schule?«
»Klar, dein Finnisch ist doch schon richtig gut geworden. Und in Schweden warst du super in der Schule, warum solltest du hier nicht gut sein?«
Sanna seufzt. »In Stockholm war alles einfacher«, flüstert sie ganz leise.
»Ja, aber nur, weil du dich an die Anfangszeit nicht erinnern kannst. Wirst sehen, in einem Jahr geht es dir hier genauso gut«, versuche ich sie zu beruhigen.
Aber das Schlimme ist, dass ich selbst nicht dran glaube. Mag sein, dass Sanna in der Schule gut klarkommen wird. Aber hier bei uns in der Familie wird es bestimmt nicht mehr einfach.

Und schon am nächsten Tag stellt sich heraus, dass ich sogar die Probleme in der Schule unterschätzt habe. Mit Mama und Papa ist ausgemacht, dass ich Sanna morgens bei ihrer Schule vorbei bringe und nachmittags auch wieder abhole. Dafür muss sie natürlich nachmittags ein bisschen auf mich warten. Aber auf dem Bürgersteig vor dem Schultor steht sie nicht. Dafür höre ich schon von weitem Krach auf dem Schulgelände. Es dauert ein bisschen, bis ich kapiere, dass das lauter Kinder sind, die um Sanna herumstehen, und sie beschimpfen. Sanna steht da und macht sich so klein wie möglich. Als könnte sie auf einmal unsichtbar werden. Aber das klappt natürlich nicht. Ganz im Gegenteil. Die anderen Kinder werden immer lauter und es ist nur eine Frage der Zeit, bis sie sie schubsen, das sehe ich. Ich renne los.

»Hey, lasst sie in Ruhe«, brülle ich und dränge mich durch die Kindergruppe hin zu Sanna.

»Wer bist du denn?«, will einer wissen.

»Ich bin ihr großer Bruder und wer bist du?«, frage ich drohend zurück.

»Mein kleiner Bruder«, höre ich da jemanden sagen, der mindestens genauso viel Drohung in der Stimme hat.

Ich gucke in die Richtung des Jungen und sehe Erkki. Das Herz rutscht mir in die Hose. Na, das war nicht ganz das Wiedersehen, das ich geplant hatte.

»Erkki«, sage ich und versuche, trotz der brenzligen Lage ein leichtes Lächeln.

»Matti«, sagt er mit eisiger Stimme und tut so, als hätte er mein Lächeln nicht gesehen.

Ich greife Sannas Hand.

»Komm, wir gehen nachhause.«

»Das denke ich wohl kaum«, meint Erkki. »Du wolltest eben meinen kleinen Bruder bedrohen.«

»Er und all die anderen hier haben meine kleine Schwester fertig gemacht.«

»Sie haben sie nicht angefasst.«

»Ich deinen Bruder auch nicht.«

Erkki nickt den anderen zu, dass sie uns den Weg frei machen sollen. Aber so einfach lässt er uns dann doch nicht ziehen. Er stellt mir ein Bein, als wir an ihm vorbei gehen und da platzt mir endgültig der Kragen. Ich drehe mich um und zimmere ihm einen Faustschlag ins Gesicht, der sich gewaschen hat. Aber Erkki lässt sich so leicht nicht beeindrucken und

schlägt sofort zurück. Nicht lange und wir kringeln uns auf dem Boden. Und nicht viel länger liegen wir auf einmal nebeneinander und lachen uns kaputt.
»Deine Schlagkraft hast du in Schweden jedenfalls nicht verloren«, grinst Erkki mich an und setzt sich auf.
Ich klopfe mir den Staub von der Hose. »Nein, aber du hast auch nichts verlernt. Mit wem hast du trainiert?«
»Ach, wer so daherkam«, sagt Erkki. Er steht auf und reicht mir die Hand, zieht mich hoch.
»Wir sehen uns«, sage ich und nehme jetzt Sannas Hand.
»Ja, wir sehen uns«, meint Erkki.
Ich verlasse den Schulhof und bin mir sicher, dass Sanna von jetzt ab in Ruhe gelassen wird. Wer sich mit Erkki versteht, hat keine Probleme im Viertel, das war schon immer so.
»Danke«, flüstert Sanna leise.
Ich drücke ihre Hand und wische mir mit dem Handrücken vorsichtig das Blut von der aufgeplatzten Oberlippe.

»Wie siehst du denn aus?«
Mama ist direkt auf hundertachtzig, als wir in die Wohnung kommen.
»Hast du dich jetzt auch noch geprügelt? Macht ihr uns nicht so schon genug Sorgen?«
»Ich musste Sanna beschützen«, verteidige ich mich. »Die anderen …«
»Mir ist egal, was die anderen gemacht haben. DU sollst dich nicht prügeln«, keift Mama sofort zurück.
»Dir ist vielleicht egal, was die anderen machen, mir aber nicht. Es soll Sanna gut gehen und wenn sich schon kein anderer in dieser Familie darum schert, dann muss wenigstens ich mich um sie kümmern!«
Dieses Mal brülle ich richtig. Es ist, als hätte die Prügelei mit Erkki mir ganz neue Kräfte verliehen. Plötzlich weiß ich wieder, wie es sich anfühlt, in Helsinki zuhause zu sein.
Aber dann kommt die Ohrfeige. Ohne Vorwarnung schlägt Mama mir mitten ins Gesicht. Im ersten Moment will ich zurückschlagen, aber dann drehe ich mich einfach auf dem Absatz um und renne aus der Wohnung.

Vertraut

Erst renne ich einfach nur. Ich renne und renne und renne und kriege gar nicht richtig mit, wohin eigentlich. Irgendwann bin ich so außer Atem, dass ich langsamer werden muss. Ich bin in einem Viertel, das ich kaum kenne. Gleich als mir der Gedanke kommt, muss ich über mich selbst lachen. Was soll das schon heißen? Als ob ich unser altes Viertel noch kennen würde. Klar, die Straßennamen sind mir vertraut. Aber ich weiß überhaupt nicht mehr, was hinter den Fenstern los ist. Ich weiß nicht, was hier in den letzten fünf Jahren passiert ist. Die Fremdheit hier in diesen Straßen, in denen ich noch nie war, ist mir fast lieber. Sie ist echt und ehrlich, während ich bei uns zuhause die ganze Zeit denke, ich kenne mich aus und dann passieren Dinge, die NIEMALS passiert wären, wenn wirklich alles so wäre, wie vor fünf Jahren.

Wie zum Beispiel die Ohrfeige.

Ich denke gerade darüber nach, ob ich richtig abhauen soll, einfach zum Hafen runter, auf einem Schiff anheuern, da ruft jemand meinen Namen.

»Matti, was machst du denn hier?«

Es ist Aino, die Tochter von Gemischtwarenhändler Ahonen. Sie bremst ihr knallrotes Fahrrad neben mir ab.

»Ach, ich lauf bloß mal so«, sage ich.

Aino schüttelt den Kopf.

»Na, wenn du meinst. Aber in einer halben Stunde musst du im Laden sein und so wie du hier gerade läufst, schaffst du das nicht mehr. Vor allen Dingen nicht, wenn du nicht wie ein Landstreicher aussehen willst, wenn du vor unseren Kunden stehst.«

Sie sieht mich ein bisschen spöttisch lächelnd an und am liebsten würde ich sie vom Fahrrad schubsen, aber dann bemerke ich etwas in ihren Augen, was Solveig da auch immer hatte. Ich kann es nicht beschreiben, einfach so eine Sicherheit, dass ich schon alles so gut mache, wie ich es kann. Auf einmal weiß ich, dass Aino an mich glaubt, auf eine merkwürdige Weise, und das gibt mir ein so gutes Gefühl, wie ich es nicht mehr hatte, seit ich das letzte Mal auf Solveigs Küchenbank saß.

»Komm, ich nehm dich mit«, sagt Aino.

Ich gucke sie zweifelnd an.
»Wie das?«
»Na, auf meinem Gepäckträger.«
Ich schüttele den Kopf. Nie im Leben lasse ich mich von einem Mädchen durch unser Viertel kutschieren!
Jetzt grinst Aino so richtig. »Oh doch, das wirst du. Sonst kommst du nicht pünktlich zur Arbeit und welchen Ärger du auch immer gerade hast, den Job willst du nicht auch noch verlieren.«
Leider hat sie recht. Und jetzt kann ich nicht mehr anbieten, dass ich sie fahre, weil sie mich schon durchschaut hat. Zähneknirschend setze ich mich auf den Gepäckträger und Aino fährt los.
Ich bin ganz froh, dass sie mein Gesicht nicht sehen kann. Spätestens als wir nur haarscharf an einer Straßenbahn vorbeischrabben, bin ich nämlich kalkweiß im Gesicht. Aino fährt wie der Henker und ich fürchte, das macht sie, um mich zu ärgern.
Kaum sind wir in unsere Straße eingebogen, steht natürlich Erkki an der Ecke und der neben ihm, das muss Ilkka sein. Erst sehe ich sie wochenlang nicht und jetzt ausgerechnet in Situationen, in denen ich sie absolut nicht treffen wollte! Das Leben ist nicht fair.
»Uh, Matti, hast du nicht mal genug Anstand, dein Mädchen selbst zu kutschieren?«, ruft Erkki mir feixend zu.
Ich könnte im Boden versinken, aber Aino ruft nur zurück: »Wenigstens hat er ein Mädchen und steht nicht nur dumm in der Gegend herum.«
Erkki zieht seine Kappe und verbeugt sich spöttisch, mehr kann ich nicht sehen, wir sind schon viel zu weit weg.
Als wir endlich vor dem Laden angekommen sind, springe ich schnell ab. Das war hoffentlich das letzte Mal, dass ich bei Aino mitfahren musste.
Die grinst so breit wie eh und je. Ich glaube, sie hat es sehr genossen, mir Angst zu machen.
»Und bilde dir ja nicht zu viel ein. Der Tag, an dem ich dein Mädchen werde, Matti, ist noch sehr, sehr lange hin.«
Ich nicke, weil ich keine Ahnung habe, was ich jetzt dazu sagen soll. Und dann kommt zum Glück Ahonen aus dem Laden.
»Da seid ihr ja endlich«, brummt er.

Dann schaut er mich von oben bis unten an.
»Na, bist wohl endlich so richtig im Viertel angekommen, was?«, sagt er grinsend. »Früher habe ich dich nur so zerlöchert gesehen. Aber zum Austragen schicke ich dich so nicht. Komm mal mit.«
Ich folge ihm ins Lager, wo er ein bisschen herumkramt.
»Hier die Hemden hatte ich letztes Jahr mal im Angebot, sind aber nicht gut gegangen. Das hier kannst du zum halben Preis haben und weil ich dir eh einen Bonus für gute Dienste geben wollte, kriegst du es geschenkt.«
Ich greife zögernd nach dem Hemd. Keine Ahnung, ob das mit dem Bonus wirklich stimmt. Aber ich werde mich einfach noch mehr anstrengen und Ahonen noch mehr helfen, dann kriegt er das Hemd schon wieder raus.
»Danke«, sage ich leise.
»Jaja, schon gut«, brummt Ahonen. »Zieh dich um und wasch dir zumindest das Gesicht. Dann kommst du nach vorne und ich geb dir die Lieferlisten. Und wenn du wieder da bist, reden wir mal in Ruhe.«

Die ganze Auslieferrunde über habe ich Angst, was Ahonen wohl mit mir besprechen will. Was kann ich ihm sagen? Ich will nichts über unser Zuhause erzählen, so viel ist sicher. Das Viertel ist viel zu klein und hier soll keiner schlecht von Mama oder Papa denken!
Aber dann muss ich gar nichts sagen. Ich helfe Ahonen dabei, die Regale im Laden aufzuräumen, zu entstauben und neu aufzufüllen und dabei erzählt er mir einfach nur. Vom Krieg und wie es hier im Viertel war. Er schaut sich zum Beispiel eine bestimmte Sorte Seife an und sagt dann: »Die hatten wir ab 41 nicht mehr. Konnte keiner bezahlen und darum habe ich die nicht mehr bestellt. Was nützt es, den Laden voll zu haben, wenn eh keiner kaufen kann. Und ich dachte mir, wenn die Bombe einschlägt und alles verbrennt, dann kriegst du das Geld auch nicht wieder. Also haben wir nur das Nötigste da gehabt, war ja auch alles viel teurer als sonst und für die Leute hier im Viertel auch schon kaum zu bezahlen. Die meisten haben geschuftet für drei, deine Mama vorneweg. Hat warme Kleidung für die Soldaten gestrickt im Frauenverein, hat in der Fabrik gearbeitet und deinen Vater gepflegt. Dass es dem so gut geht jetzt, das ist nur ihr zu verdanken.«

Oder er staubt eine Dose mit Bonbons ab und sagt: »Tjaja, die Bonbons, die sind natürlich gar nicht gut gegangen. Viele Kinder waren ja bei Verwandten auf dem Land. Oder eben in Schweden, so wie ihr. Höchstens zum Geburtstag wurde mal was gekauft. Deine Mama hat an euren Geburtstagen immer ein winziges Stück Kuchen gekauft, ich glaube, weil sie zumindest ein bisschen feiern wollte, dass ihr noch lebt und dass es euch gut geht. Aber Spaß hat sie nicht gehabt dabei. Deine Mama ist eine tapfere Frau, Matti, aber ich habe sie ganz schön oft mit verheulten Augen gesehen.«

Und so geht es immer weiter. Manchmal schweigen wir einfach nur, manchmal erzählt Ahonen ein bisschen und ich arbeite vor mich hin und grüble. Natürlich tut es mir leid, dass es Mama so schlecht ging. Aber andererseits könnte sie jetzt doch fröhlich sein, jetzt sind wir doch wieder da! Wieso kann sie nicht zufrieden sein mit uns? Ich werde sogar fast ein bisschen sauer. Denken etwa alle, nur weil wir in Schweden die ganze Zeit Seife und Süßigkeiten hatten, wäre es für uns einfach gewesen? Ich wäre viel, viel lieber hier bei Mama geblieben, selbst wenn das bedeutet hätte, dass ich Solveig, Thore, Leif, Risto und all die anderen nie kennengelernt hätte! Aber das interessiert ja hier nach wie vor keinen.

»Gestern habe ich zum ersten Mal seit dem Krieg wieder frische Bananen gehabt«, sagt Ahonen. »Die hast du abends schon gar nicht mehr gesehen, weil die so schnell weggegangen sind. Die Leute tauen langsam auf, Matti. Nach und nach wird jetzt alles gut werden, du wirst schon sehen.«

Ahonen drückt mir zum Abschied die Schulter, während wir vorm Laden stehen und er die schwere Eingangstür abschließt.

»An dir soll es jedenfalls nicht liegen, wenn es nicht klappt. Du bist ein wirklich feiner Kerl, ich hoffe, das weißt du.«

»Bis morgen und Danke«, sage ich und drehe mich schnell weg.

Bei den letzten Worten sind mir ein bisschen die Tränen gekommen. Ich weiß nicht, ob ich ein feiner Kerl bin. Und Mama glaubt das ganz bestimmt nicht. Trotzdem gehe ich jetzt erstmal nach Hause, mein altes Hemd unter den Arm geklemmt. Dass Ahonen ein feiner Kerl ist, daran gibt es jedenfalls keinen Zweifel.

Die Einladung

Seit der Ohrfeige reden Mama und ich noch weniger miteinander als vorher schon. Ich gehe zur Schule, ich gehe zur Arbeit und ich kümmere mich mit Papa um den Garten. Abends ziehe ich manchmal noch los und treffe mich mit Erkki und Ilkka. Die beiden spielen mittlerweile richtig im Verein Fußball und vielleicht trete ich nächsten Sommer auch ein und mache mit. Ilkka und Erkki meinen jedenfalls, ich sei gut genug für die Mannschaft. Aber ich habe keine Lust, Mama nach dem Geld für die Mitgliedschaft zu fragen. Also spare ich es mir nach und nach aus kleineren Trinkgeldern zusammen.

Als ich an diesem Abend mit meinen Freunden vom Sportplatz nachhause laufe, kommt Sanna uns auf halber Strecke entgegengerannt. Ihr geht es mittlerweile besser. Sie spricht Finnisch, als wäre sie nie weg gewesen. Aber auch sie redet kaum mit Mama. Manchmal frage ich mich, ob Mama wohl je diesen grimmigen Zug um die Lippen verlieren kann, wenn sie ihren Mund so wenig bewegt.

»Mattiiiiii«, brüllt Sanna über die halbe Straße, als hätte ich sie nicht schon längst gesehen, wie sie da mit den langen blonden Zöpfen hinter sich herschlackernd angesaust kommt.

»Also schneller als du ist deine Schwester auf jeden Fall«, witzelt Ilkka.

Ich achte nicht auf ihn.

»Was ist los?«

Sanna guckt etwas merkwürdig auf Erkki und Ilkka, als wäre es ihr nicht so lieb, dass sie dabei sind. Aber dann sagt sie es doch: »Es ist ein Brief aus Schweden gekommen, aber Mama gibt ihn mir nicht zum Lesen.«

Ich seufze. Mama hat es sich zur Gewohnheit gemacht, unsere Briefe immer zuerst zu lesen. Keine Ahnung, was sie glaubt, was da Böses drin stehen soll. Aber normalerweise hat sie die Briefe dann immer an uns weiter gegeben.

»Ich komme mit. Bestimmt gibt sie ihn dir gleich und das war nur ein Missverständnis«, sage ich, auch um Erkki und Ilkka den Wind aus den Segeln zu nehmen.

Die beiden wissen natürlich, dass es bei uns zuhause nicht so gut läuft, das kann ich schlecht verheimlichen. Aber genaueres wissen sie nicht und ich habe auch nicht vor, es ihnen zu erzählen.

In der Wohnung steht Mama an der Spüle und macht den Abwasch.
»Da bist du ja endlich. Ich habe dir noch ein bisschen was vom Essen aufgehoben.«
»Danke.«
Ich setze mich an den Tisch, während Sanna erwartungsvoll neben mir stehen bleibt. Ich fange an, den Auflauf zu essen. Nach dem dritten Löffel sage ich: »Es ist Post gekommen.«
Mama wirft Sanna einen vorwurfsvollen Blick zu. Ich hätte sie gerne geschützt, aber woher sollte ich sonst wissen, dass ein Brief gekommen ist?
»Gibst du mir den Brief?«
»Nein.«
»Warum nicht?«
Ich versuche, ganz ruhig zu bleiben und weiter meinen Auflauf zu essen. Aber es fällt mir echt schwer. Sanna steigen neben mir schon wieder die Tränen in die Augen und ich könnte platzen vor Wut. Wann wird Mama endlich kapieren, dass sie nicht einfach über uns bestimmen kann wie über zwei Stehlampen?
»Das muss ich dir nicht begründen.«
»Doch, das musst du. Ich bin mir sicher, dass der Brief für uns ist.«
Jetzt stehe ich auf, gehe einfach zum Küchenregal, nehme den Brief, der dort liegt, wie alle Briefe, die Mama bekommt und die sie noch nicht bearbeitet hat. Dann nehme ich Sanna an der Hand, gehe schnell mit ihr in unser gemeinsames Zimmer und mache die Tür gerade noch zu, bevor Mama auch hineingerannt kommt. Ich erhasche einen Blick auf ihr Gesicht, bevor die Tür zufällt. So habe ich sie noch nie gesehen. Sie sieht aus wie eine verzerrte Pappmachémaske von einer Hexenpuppe im Kasperletheater.
Mama zerrt und rüttelt an der Tür, aber ich stelle einen Stuhl unter die Klinke und setze mich darauf. Jetzt sind wir erst einmal sicher. Ich öffne den Brief und lese Sanna vor:

»Lieber Matti,
hab vielen Dank für deinen letzten Brief, über den wir uns sehr gefreut haben. Es ist schön zu lesen, dass du deine alten Freunde wiedergetroffen und in den Ahonens neue Freunde gefunden hast!
Bei uns gibt es nicht viel Neues. Jetzt, wo der Sommer näher rückt, gibt es auf dem Hof natürlich jede Menge zu tun. Karlchen kommt langsam in die Jahre und Thore überlegt, ob wir schon einmal ein neues Fohlen kaufen sollten, damit es stark genug ist, wenn Karlchen seine Arbeit nicht mehr tun kann und auf der Weide seine Rente verleben darf. Aber Leif meint, wir sollten stattdessen einen Trecker kaufen. Mir täte es natürlich leid, am Ende nicht mehr mit der Kutsche in die Stadt fahren zu können. Naja, wir werden sehen, was die Zeit bringt.
Nun aber das Wichtigste: Ich habe letzte Woche einmal mit Sannas Pflegefamilie telefoniert. Wir würden uns alle sehr freuen, wenn ihr uns im Sommer besuchen kämt. Sagen wir, für drei Wochen in den Ferien? Schick uns einfach eine Bestätigung und die Daten, an denen ihr kommen wollt, dann kaufen wir die Fahrkarten für das Schiff und schicken sie euch mit dem nächsten Brief zu.
Gib gut auf dich acht, mein Junge!
Grüße Sanna und deine Eltern!
Alles Liebe, deine Solveig«

Ich gucke vom Brief hoch.
»Du willst uns also nicht nach Schweden fahren lassen?«, brülle ich durch die Tür.
»Nein, auf gar keinen Fall!«
»Sonst wolltest du uns doch so gerne loswerden!«

Ich brülle mir all die Wut der letzten Jahre aus dem Bauch. Sollen die Nachbarn uns doch hören!
»Was ist denn hier los?!«
Das ist Papas Stimme. Er muss aus dem Garten hereingekommen sein. Ich kann hören, wie seine Krücken auf dem Holzfußboden klackern, als er jetzt zu Mama und uns an die Zimmertür kommt.

»Wir haben eine Einladung nach Schweden bekommen und Mama wollte uns den Brief nicht einmal zeigen«, antworte ich durch die Tür.
»Die Kinder dürfen nicht nach Schweden«, sagt Mama mit gepresster Stimme. »Und Schluss damit!«
Sanna heult und ich komme mir vor wie im falschen Film. Das Gespräch hatten wir vor fünf Jahren genau umgekehrt. Wieso denkt Mama immer, dass sie über uns bestimmen kann? Wieso hört sie nicht einfach mal zu?
»Natürlich könnt ihr nach Schweden. Verlasst euch auf mich«, sagt Papa da ruhig und mit seiner alten, tiefen Stimme. Einer Stimme, der man nicht widersprechen kann. So habe ich ihn schon lange, lange nicht mehr sprechen gehört.
Mama rennt von der Tür weg.
»Kommt jetzt mal raus und lasst mich den Brief auch lesen«, sagt Papa.
Sanna und ich gehorchen sofort. Papa setzt sich mit uns an den Küchentisch und dann schreiben wir alle zusammen eine Antwort, die ich direkt am nächsten Morgen zur Post bringe. Dabei habe ich ein ganz besonderes Kribbeln im Bauch.
Nur noch ein paar Wochen und ich werde wieder in Schweden sein, nur kurz zwar, aber immerhin! Bei Karlchen und den Kühen, bei Risto und Sari und natürlich bei Solveig.

Loslassen

In der Nacht vor der Abfahrt weint Mama die ganze Zeit. Sanna und ich liegen im Dunkeln, gucken uns an und hören, wie Mama nebenan schluchzt und schluchzt. Ich habe so großes Mitleid mit ihr, dass ich richtig fühlen kann, wie mein Herz wehtut. Und gleichzeitig bin ich sauer. So, so sauer. Ich kann sie einfach nicht verstehen. Warum weint sie jetzt? Warum ist sie nicht bei uns? Warum spricht sie nicht einfach mit uns, so wie früher? Morgens kommt sie nicht einmal aus dem Schlafzimmer, um uns zu verabschieden. Papa sieht furchtbar müde und übernächtigt aus. Ich merke, dass er Angst hat, Mama alleine zu lassen.

»Wir schaffen das schon mit den Koffern«, sage ich darum.

Papa nickt mir dankbar zu.

»Du bist ein wirklich guter Junge, Matti«, sagt er und nimmt mich in den Arm. »Alles Gute euch beiden!«

Sanna sagt: »Bis in drei Wochen, Papa. Und vergiss nicht, meinem Moppel genug Löwenzahn zu geben.«

Papa nickt und ihm steigen Tränen in die Augen. Er streicht uns beiden kurz über den Kopf und hält uns dann die Tür auf. Ich würde ihn so gerne in den Arm nehmen, aber ich kann nicht.

Sanna und ich laufen los, steigen in die Straßenbahn und als der Hafen von Helsinki vor uns auftaucht, fühle ich mich furchtbar leicht und unerhört froh. Fast schäme ich mich ein bisschen, aber Sanna scheint es ähnlich zu gehen. Heute stehen wir nicht an der Reling und halten nach verschwindenden Erwachsenen Ausschau. Heute überlegen wir uns, was wohl für Trolle und Wichtel auf den Schären wohnen, an denen wir vorbei fahren. Wir beschließen, bald die Festungsinsel Suomenlinna zu besuchen. Wir stellen uns vor, wie es ist mit Möwen um die Wette zu fliegen und wir essen zufrieden die Brote, die Mama uns am Vortag geschmiert hat, während uns der Meerwind nur so um die Ohren pfeift. Es ist bestes Sommerwetter und es geht uns so gut. Ich stelle mir vor, wie Solveig mich lachend in die Arme nehmen wird und wie Leif und Thore mir auf die Schulter klopfen und wie ich Karlchen eine Möhre gebe und er zufrieden schnaubt. Irgendwo ganz leise im Hintergrund taucht immer mal wieder

Mamas Gesicht auf und ich höre ihr Schluchzen. Aber das schiebe ich schnell wieder weg. Es ist Sommer und ich will und werde gute Laune haben!

Es fühlt sich natürlich ein bisschen komisch an, Sanna zu verabschieden, als wir spät am Abend endlich in Stockholm ankommen. Sie nimmt mich fest in den Arm.
»Bis in drei Wochen, Matti«, sagt sie.
»Naja, einmal seht ihr euch zwischendurch. Wir dachten, wir kommen einmal für einen Tag auf den Hof«, sagt Sannas Pflegemutter und zum ersten Mal in all den Jahren lächelt sie auch mich an.
»Au ja«, ruft Sanna und hüpft vor Freude.
Und dann trennen wir uns erst einmal. Solveig nimmt meine Hand und es fühlt sich gar nicht merkwürdig an, obwohl ich ja eigentlich mittlerweile viel zu alt bin für sowas. Wir laufen zusammen zur Kutsche und dann muss ich mich doch losreißen, um schnell zu Thore zu rennen und Karlchen seine Möhre zu geben. Karlchens Maul ist so weich wie immer und sein Schnauben kitzelt auf meiner Haut.
Die ganze Fahrt über erzählen wir uns gegenseitig, wie es uns in den letzten Monaten ergangen ist, auch wenn wir vieles ja schon aus den Briefen wissen.
»Leif hat jetzt ein Mädchen«, sagt Thore und ich kann an dem Glucksen in seiner Stimme hören, dass er sich für seinen Sohn freut und gleichzeitig denkt, dass der doch eigentlich viel zu jung für sowas ist. Dabei ist er doch schon siebzehn und Thore und Solveig waren sechzehn, als sie sich kennengelernt haben, das weiß ich genau.
»Und Risto hat im ganzen Dorf von sich Reden gemacht«, erzählt Solveig. »Stell dir vor, er hat kürzlich gesehen, wie sich eine Kuh im Straßengatter verheddert hatte. Das dumme Ding dachte wohl, es sei ein echtes Springpferd und wollte darüber setzen. Kein Mensch weiß, wie es auf den Einfall gekommen ist. Jedenfalls hat Risto die Kuh ganz alleine befreit und versorgt, bevor er losgezogen ist, um den Besitzer zu holen. Und der hat ihm zum Dank für seine wertvollste Milchkuh gleich ein Kalb geschenkt.«
Ich bekomme große Augen. Ein ganzes Kalb?!

Thore lacht. »Das Kalb war furchtbar schwächlich und wäre wahrscheinlich nicht durchgekommen, sonst hätte der Bauer es gar nicht erst weggegeben. Aber Risto scheint ein Händchen für Tiere zu haben. Jedenfalls gedeiht die Kleine prächtig. Ristos Papa ist mächtig stolz auf ihn.«
Ich muss lächeln und freue mich schon darauf, Ristos Kälbchen morgen zu besuchen. Aber als Thore von Ristos Papa spricht, fährt mir ein kleiner Stich durchs Herz. Ja, Ristos Papa ist jetzt wohl hier in Schweden. Wenn es für mich doch auch so einfach wäre.

Aber der Neid ist schnell verflogen, als Risto am nächsten Morgen bei uns auf der Matte steht, noch bevor ich überhaupt angefangen habe, meinen Haferbrei zu essen.
»Na, du alter Langschläfer«, begrüßt er mich.
»Na, du größter Kuhbauer von Schweden?«
Risto grinst. Er ist sichtlich zufrieden, dass sich seine Geschichte schon bis zu mir herumgesprochen hat.
»Jaja, noch kannst du darüber spaßen, aber eines Tages werde ich das wirklich sein«, meint er, steckt die Daumen in den Hosenbund, wippt auf den Füßen hin und her und streckt die Brust raus in Erwartung seiner großen Erfolge.
Solveig sieht ihn an und lacht.
»Los jetzt, Matti, aufgegessen und mit Risto losgezogen, sonst schnappen dich gleich Thore und Leif und du musst an die Arbeit«, zwinkert sie mir zu.
»Aber ich will gleich wirklich noch was helfen«, sage ich, während ich mir den letzten Löffel Brei in den Mund stopfe. »Ich schau mir bloß schnell Ristos Kuh an, dann komme ich wieder.«
»Aber heute Abend gehen wir schon Angeln, oder? Ich habe auch Ole und den anderen Bescheid gegeben«, sagt Risto leicht besorgt.
»Na klar!«
Wir stürmen los, rennen über die alten Pfade quer über die Kuhweiden, bis wir an Ristos Hof ankommen. Die Sonne scheint, das Gras riecht gut und weit und breit ist kein Autolärm zu hören. Stattdessen blökt ein kleines Kalb, als es Risto auf sich zukommen sieht.

»Es erkennt seine Mami«, feixe ich.
Aber Risto zuckt nur mit den Schultern. »Vielleicht war das ja auch ein Angstschrei, weil so ein verrückter Städter wie du hier auftaucht.«
Ich knuffe ihn in den Arm und er knufft mich zurück und dann sind wir beim Kälbchen angekommen und es ist wirklich das allerschönste Kalb, das ich je gesehen habe.
»Mittlerweile braucht es kaum noch Milch, einmal am Tag gebe ich ihm noch was«, erklärt Risto und fährt fachmännisch stolz über die Flanken seiner ersten eigenen Kuh.
»Nicht schlecht«, sage ich anerkennend und lasse mir von der rauen Kuhzunge die Hand abschlabbern.
»Ich weiß.«

Auf dem Hof sind Thore und Leif gerade beim Stallausmisten und freuen sich, dass ich mit anpacke. Den ganzen Tag gibt es große und kleine Dinge zu erledigen und es fühlt sich an, als wäre ich nie weggewesen. Selbst abends am See mit Risto, Ole und den anderen Jungs lachen wir immer noch über die gleichen Dinge. Natürlich wollen alle wissen, wie es in Helsinki ist, aber ich erzähle nur wenig und dann sprechen wir doch lieber wieder über die Bauernhöfe in der Gegend, die neuesten Tratschereien und den Sieg des Fußballklubs über die Jungs vom Nachbardorf.

Zuhause?

»Mist«, Leifs leise gemurmelter Fluch weckt mich auf.
Wahrscheinlich ist er mit dem nackten Fuß gegen das Tischbein gestoßen. Ich lasse die Augen zu und genieße es, noch ein bisschen eingemuckelt und gemütlich auf der Küchenbank liegen zu können. Es fühlt sich alles richtig an, aber gleich als ich das denke, wird sofort wieder alles falsch. Es darf sich ja gar nicht richtig anfühlen. Schließlich ist das hier nicht mein Zuhause, auch wenn Solveig und Thore und Leif so viel für Sanna und mich getan haben.
Beim Frühstück bin ich ziemlich still, aber das macht nichts, Thore und Leif haben eh genug zu besprechen.
»Also, wenn du später beim Kirschenpflücken helfen willst, bist du herzlich willkommen«, meint Thore und zwinkert mir zu, als die beiden aufstehen und rausgehen, um sich an die Arbeit zu machen.
Ich helfe Solveig beim Tischabräumen und Geschirr abwaschen.
»Was ist los, Matti?«, fragt sie irgendwann.
»Ach, ich fühle mich so wohl hier«, sage ich traurig.
Solveig lacht. »Na, das ist doch schön. Aber so hört sich das bei dir nicht gerade an.«
»Naja. Ich meine. Ich sollte mich doch in Helsinki auch so wohlfühlen. Da ist doch mein Zuhause!«
Mir steigen Tränen in die Augen und ich ärgere mich. Hätte ich mal lieber nichts gesagt!
Aber Solveig wäre nicht Solveig, wenn sie jetzt nicht alles aus mir herausbekommen würde. Wie eine Zauberkünstlerin steht sie da und ich erzähle die ganze Geschichte. Darüber, wie schwierig es in Helsinki ist und wie sehr ich sie vermisse. Und dass ich ein so schlechtes Gewissen habe, weil ich nirgendwo so glücklich sein kann, wie andere es vielleicht erwarten.
»Ach, Matti«, sagt Solveig. »Das ist doch nicht deine Aufgabe, für andere Menschen glücklich zu sein. Du hast schon so viel durchgemacht im Leben und du hilfst deiner Mutter so viel mit deiner Arbeit. Das soll wohl reichen, da kannst du nicht auch noch auf Knopfdruck glücklich und zufrieden sein. Und was wäre denn bitte so schlimm daran, zwei Zuhauses zu haben?

Ich meine, eigentlich ist das doch fast eine tolle Sache für dich. Manche Menschen haben nicht einmal ein richtiges Zuhause und du hast gleich zwei Orte, wo die Menschen dich lieb haben, auch wenn es vielleicht für deine Mutter gerade nicht so einfach ist, das zu zeigen.«

Ich grüble lange über Solveigs Worte nach, auch als ich schon längst mit Risto in den Kirschbäumen sitze, und mir den Bauch und die mitgebrachten Eimer mit den vielen Süßkirschen fülle, die die Vögel freundlicherweise übrig gelassen haben.

Ich gucke durch die Zweige zu Risto hinüber, der lacht und einen roten Kirschsaftmund hat. Vielleicht ist es wirklich einfacher für ihn, weil er nur ein Zuhause hat. Aber andererseits ist es sicher manchmal nicht so leicht, wenn er sich daran erinnert, wie es mit seinen Eltern war und warum er nicht zurück will. Vielleicht, ja, vielleicht habe ich wirklich trotz allem Glück gehabt. Aber wie es mit Mama jemals wieder normal werden soll, das weiß ich trotzdem nicht.

Ankommen

Die Zeit in Schweden vergeht wie im Flug. Es fühlt sich an, als wären wir gerade erst angekommen, als Sanna und ich schon wieder auf dem Schiffsdeck stehen, um nach Helsinki zu fahren.
»Vielleicht dürfen wir ja im Herbst für eine Woche kommen«, sagt Sanna mit Tränen in den Augen.
»Ja, bestimmt.«
Ich drücke ihre Hand und mit der anderen winke ich Solveig und Thore zu, die am Kai stehen.
»Und nächstes Jahr im Sommer fahren wir zusammen zu Leifs Hochzeit. Jedenfalls, wenn seine Stine es so lange mit ihm aushält.«
Sanna muss lachen, trotz der Traurigkeit.
»Na, da würde ich mich nicht drauf verlassen.«

Der Schärengarten kommt mir mittlerweile schon ganz vertraut vor. All die kleinen Inseln, die aussehen, als hätte der liebe Gott mit dem Farbpinsel gespritzt, als er Finnland und Schweden gemalt hat. Oder als wären hier riesige Berge versunken.
Sanna und ich stehen noch lange schweigend an der Reling und schauen aufs Wasser. Ich kann mir denken, dass sie genau die gleichen Sorgen hat wie ich. Aber dieses Mal bin ich ruhiger als bei unserer letzten Überfahrt. Ich weiß ja, was auf uns zukommt.

Dann bin ich allerdings doch ganz überrascht. Mama und Papa holen uns nicht am Hafen ab. Zumindest kann ich sie nirgendwo sehen. Also fahren Sanna und ich allein mit der Tram nachhause. Und da sitzt Mama am Küchentisch, ein zerknülltes Taschentuch in der Hand. Es ist schon dunkel und trotzdem kann ich ihre Niedergeschlagenheit erkennen. Es ist ein Bild des Elends und des Jammers. Fast fühlt es sich an, als könnte das gar nicht Mama sein, denn so traurig habe ich sie noch nie gesehen.
Sanna lässt sofort ihren Koffer fallen und rennt zu ihr.
»Was ist denn los, Mama?«
Ich gehe nur zögerlich hinterher. Aber das Herz schlägt mir bis zum Hals.

Ich sehe, das Mama heftig schlucken muss und in mir zieht sich alles zusammen vor Angst. Was, wenn Papa etwas passiert ist?
Mama guckt auf, als hätte sie uns noch gar nicht bemerkt. Und auf einmal fängt sie hemmungslos an zu weinen, als würde ein Herbststurm ums Haus tosen. Sie schluchzt und schnoddert und schluckt und mit jeder Sekunde, die verstreicht, wird meine Angst um Papa größer.
Sanna klettert Mama auf den Schoß und kuschelt sich an sie; ich hocke mich daneben und lege ihr den Arm um die Schulter.
»Mama, was ist los?«
»Ich dachte, ihr kommt nicht wieder.«
Sie muss es zwei Mal sagen, bis Sanna und ich es verstehen.
»Aber wieso denn nicht?«
Sanna ist völlig perplex.
Mama hat sich jetzt ein bisschen beruhigt und murmelt unter Schluchzern: »Weil es so klein ist hier und wir so arm sind und ihr es besser habt in Schweden und ihr dir Leute da auch viel lieber mögt.«
Sanna schmiegt sich noch enger an Mama.
»Du bist doch unsere Mama!«, sagt sie einfach nur.
Ich drücke Mamas Schulter, mehr schaffe ich nicht. Klar, sie tut mir furchtbar leid und ich habe sie lieb, aber da ist so viel, was ungeklärt ist.
»Wo ist Papa?«, frage ich nach einer Weile, als Mama nur noch ganz ab und an leise Schluchzer von sich gibt.
»Unten im Garten.«
Ich gehe nach draußen und sage Papa Hallo, helfe ihm beim Versorgen der Kaninchen. Als wir wieder heraufkommen, haben Mama und Sanna schon den Abendbrottisch gedeckt. Sanna erzählt Mama von ihren Erlebnissen und fragt, wie es hier war. Die beiden plappern und plappern und es fühlt sich so leicht an, als würden kleine Spatzen in meiner Brust flattern. Und wer weiß: Vielleicht schaffe ich es ja eines Tages und flattere einfach mit.

Nachwort

Die Geschichte von Matti und Sanna ist frei erfunden. Aber sie hat einen wahren Kern. Im Winter- und Fortsetzungskrieg, wie die beiden Kriege gegen die Sowjetunion zur Zeit des Zweiten Weltkriegs in Finnland genannt werden, wurden ungefähr 70.000 Kinder nach Schweden evakuiert. Die Menschen in Schweden wollten so ihrem Nachbarland Finnland helfen. Zusätzlich wurden ganz zu Beginn des Krieges auch Kinder nach Dänemark geschickt.

Die Schicksale der Kinder sind sehr unterschiedlich. Manche von ihnen wurden gleich zwei Mal evakuiert – nach dem Winterkrieg waren sie gerade wieder in Finnland angekommen, da wurden sie schon wieder losgeschickt, weil der Fortsetzungskrieg begann. Viele von ihnen blieben aber auch die ganze Zeit über in Schweden. Sie waren noch so jung, dass sie sich sehr gut an die schwedische Gastfamilie gewöhnten und schnell schwedisch sprachen – das Finnische vergaßen sie fast ganz und fühlten sich oft fremd, als sie nach dem Krieg wieder nachhause kamen. Ungefähr 15.000 Kinder blieben auch nach dem Krieg in Schweden und kehrten überhaupt nicht nach Finnland zurück.

Viele der sogenannten »Sotalapset« (Kriegskinder) haben die Zeit in Schweden als Bereicherung erlebt. Andere hingegen hatten für den Rest ihres Lebens Schwierigkeiten, enge Beziehungen aufzubauen, weil sie immer Angst hatten, dass sie plötzlich wieder getrennt werden.

Lange Zeit war das Schicksal der Kriegskinder in Finnland nicht besonders bekannt. Doch seit den 1990er Jahren sprechen die Kriegskinder selbst offener über ihre Erfahrungen. Es gibt einige Denkmäler in Finnland, Dänemark und Schweden, die an ihr Leben erinnern und vor allem Pertti Kavén, der selbst als Kind nach Schweden evakuiert wurde, hat einige Bücher zu dem Thema geschrieben.

Die Kriegskinder sind ein Beispiel dafür, wie Erwachsene darüber entscheiden, was gut und was schlecht für Kinder ist. Obwohl diese vielleicht ganz eigene Ideen haben. Und sie zeigen: Wenn Krieg herrscht, leiden auch die, die mit seinen Ursachen nichts zu tun haben. Gestern wie heute!